采购一体化管理书系

Purchasing Management

采购管理
必备制度与表格

李锋 编著

第二版

化学工业出版社

·北京·

《采购管理必备制度与表格》第一版一经出版，即荣登同类书销售排行，三大网店读者评价全部给予好评。

　本次改版后书中详细介绍了采购管理制度与表格设计要领、采购管理规划、采购计划与预算、采购订单跟踪管理、采购价格与成本控制、供应商管理、采购质量管理、外协加工管理、采购结算与付款管理和采购绩效管理等内容。

　本书实用性强，可供制造业、服务业、零售业、商业、政府部门、教育机构的管理者、采购经理、采购员，以及新入职的大中专毕业生，有志于从事采购管理的人士学习参考。

图书在版编目（CIP）数据

采购管理必备制度与表格/李锋编著. —2版. —北京：
化学工业出版社，2015.1（2023.5重印）
（采购一体化管理书系）
ISBN 978-7-122-22017-2

Ⅰ.①采… Ⅱ.①李… Ⅲ.①采购管理 Ⅳ.①F253.2

中国版本图书馆CIP数据核字（2014）第233201号

责任编辑：陈　蕾　　　　　　　　　装帧设计：史利平
责任校对：宋　玮

出版发行：化学工业出版社（北京市东城区青年湖南街13号　邮政编码100011）
印　　装：涿州市般润文化传播有限公司
710mm×1000mm　1/16　印张14¼　字数262千字　2023年5月北京第2版第7次印刷

购书咨询：010-64518888　　　　　　售后服务：010-64518899
网　　址：http://www.cip.com.cn
凡购买本书，如有缺损质量问题，本社销售中心负责调换。

定　　价：45.00元　　　　　　　　　　　　　版权所有　违者必究

前言
PREFACE

采购作为物流活动的起点，涵盖了从供应商到需求方之间的货物、技术、信息、服务流动的全过程。企业通过实施有效的计划、组织与控制等采购管理活动，合理选择采购方式、采购品种、采购批量、采购频率和采购地点，以有限的资金保证经营活动的有效开展，在降低企业成本、加速资金周转和提高企业经营质量等方面发挥着积极作用。

随着市场竞争的加剧，企业从重视生产、营销已经逐步发展到重视采购、物流和供应链的时代。可以毫不夸张地说，采购竞争优势已经成为企业竞争力的一部分。采购流程是否规范，采购效益与效率的高低，直接决定企业的盈利能力和市场竞争力，决定企业的生存和发展。然而，人们对采购的理解往往局限于"购买"和轻松的"花钱办事"，似乎与企业经营的战略和管理的绩效无多大的关系，而与理财及人才专业和职业素质更无直接的联系。这种不合乎国际运营规范的理念和封闭无知的认识，极大地影响了相当一部分企业的经营业绩和管理效率。

如果我们再不重视采购体系的建立、流程的规范，如果我们的采购人员仍局限于原始落后的人为行事、缺乏职业专长和管理素质，那么我们的企业也将陷于缺乏效益的市场局面和被动淘汰的危险境地。

当然，有许多管理者也想建立完善的采购管理系统、全面提升采购人员的素质，却无从着手。组织人员参加专业培训，又花时间又费钱；购买一些书籍来边学习边运用，却找不到合适的、成体系的、实操性强的管理图书。我们在进行企业管理咨询过程中，就常常碰到这样的管理者、采购经理、采购员，他们建议我们将自己的实战经验积累编辑成书，让更多的企业、更多的人花最少的钱学习到最好的东西。基于此，我们几经思考，于

2009年根据自己十几年来的辅导实践经验和使用过的培训资料整理成册，策划出"采购一体化管理"书系，"采购一体化管理"书系包含《采购主管工作手册》《采购部规范化工作指南》《采购过程控制：谈判技巧·合同管理·成本控制》和《采购管理必备制度和表格》等。

"采购一体化管理"书系出版以后获得读者的一致好评，不断再版。许多活跃在采购一线的工作人员看了本书以后通过来信、来电、短信留言、QQ、微信等方式与我们交流探讨采购方面的业务，同时，也提出了很多建议和要求，为此，我们再一次认真总结近几年来的管理辅导经验，经过认真研究斟酌，在原书基础上，增加了一些新的与时俱进的内容。同时，在原丛书基础上又增补了《采购精细化管理与库存控制》《采购成本控制与供应商管理》和《优秀采购员工作手册》等书。

新改版后的"采购一体化管理"书系涵盖采购管理的方方面面，实用性非常强，可供制造业、服务业、零售业、商业、政府部门、教育机构的管理者、采购经理、采购员，以及新入职的大中专学生，有志于从事采购管理的人士学习参考。其中，《采购部规范化工作指南》和《采购管理必备制度和表格》两书由图书＋电子版DIY实操文件组合而成。DIY实操文件（请发邮件至cipcaigou@163.com，通过邮箱索取）可供使用者阅读、检索、打印、复制、下载，根据机构与企业的自身需要进行个性化修改。

在本书编辑整理过程中，获得了许多朋友的帮助和支持，其中参与编写和提供资料的有李政、李亮、李锋、陈锦红、王建伟、郑时勇、匡五寿、黄治淮、宁仁梅、王玲、王春华、李辉、李勋源、李景安、李敏、李永江、许丽洁、许华、刘作良、陈素娥、张立冬、唐晓航、唐乃勇、雷蕾、靳玉良、邹雨桐、吴俊、况平、刘珍、杨雯，最后全书由匡仲潇统稿、审核完成。在此对他们一并表示感谢！由于编著者水平有限，不足之处敬请读者指正。

编著者

第一版前言

　　采购涵盖了从供应商到需求方之间的货物、技术、信息、服务流动的全过程。通过实施有效的计划、组织与控制等采购管理活动，合理选择采购方式、采购品种、采购批量、采购频率和采购地点，企业可以有限的资金保证经营活动的有效开展，在降低企业成本、加速资金周转和提高企业经营质量等方面发挥着积极作用。

　　随着市场竞争的加剧，企业从重视生产、营销已经逐步发展到重视采购、物流和供应链的时代。可以毫不夸张地说，采购竞争优势已经成为企业竞争力的一部分。采购流程是否规范，采购效益与效率的高低，直接决定企业的盈利能力和市场竞争力，决定企业的生存和发展。然而，人们对采购的理解往往局限于"购买"和轻松的"花钱办事"，似乎与企业经营的战略和管理的绩效无多大的关系，与理财及人才专业和职业素质更无直接的联系。这种不合乎国际运营规范的理念和封闭无知的认识，极大地影响了相当一部分企业的经营业绩和管理效率。

　　如果我们再不重视采购体系的建立、流程的规范，如果我们的采购人员仍局限于原始落后的人为行事、缺乏职业专长和管理素质，那么我们的企业也将陷于缺乏效益的市场局面和被动淘汰的危险境地。

　　当然，有许多管理者也想建立完善的采购管理系统、全面提升采购人员的素质，却无从着手。组织人员参加专业培训，又花时间又费钱；购买一些书籍来边学习边运用，却找不到合适的、成体系的、实操性强的管理图书。我们在开展企业管理咨询过程中，就常常碰到这样的老板、采购经理、采购员，他们建议我们将自己的实战经验积累编辑成书，让更多的企业、更多的人花最少的钱学习到最好的东西。几经思考，我们决定把自己十几年来的辅导经验和手头上的培训资料，整理成册，最后策划成一个采购管理书系，该书系由《采购主管工作手册》、《采购部规范化工作指南》、《采购过程控制——谈判技巧·合同管理·成本控制》、《采购管理必备制度和表格》组成。

该书系涵盖采购管理的方方面面，实用性非常强，可供制造业、服务业、零售业、商业、政府部门、教育机构的管理者、采购经理、采购员，以及新入职的大中专学生，有志于从事采购管理的人士学习参考。其中，《采购部规范化工作指南》和《采购管理必备制度和表格》两书由图书＋DIY实操光盘文件组合而成。DIY实操光盘文件可供使用者阅读、检索、打印、复制、下载，根据机构与企业的自身需要进行个性化修改。

在本书编写整理过程中，获得了许多朋友的帮助和支持，其中参与编写和提供资料的有杨吉华、严凡高、王能、李政、李亮、李锋、陈锦红、姜宏峰、陈小兵、杨丽、吴定兵、朱霖、段水华、朱少军、赵永秀、邵小云、李冰冰、赵建学、江美亮、唐永生、刘建伟，最后全书由匡仲潇统稿、审核完成。在此对他们一并表示感谢！

由于作者水平所限，书中疏漏之处在所难免，恳请广大读者批评指正。

编著者

图书电子版内容目录

（请发邮件至 cipcaigou@163.com 索取）

电子文件编码	文件名
第一部分　采购管理制度范本	
CGZD-001	物料采购政策
CGZD-002	采购作业规范
CGZD-003	采购作业管理细则
CGZD-004	采购计划控制程序
CGZD-005	采购预算编订办法
CGZD-006	请购作业处理程序
CGZD-007	订购采购流程规定
CGZD-008	采购交期管理办法
CGZD-009	进料接收管理办法
CGZD-010	采购价格管理制度
CGZD-011	询价作业规定
CGZD-012	采购成本管理制度
CGZD-013	供应商考核与奖惩实施细则
CGZD-014	采购过程控制程序
CGZD-015	质量赔偿和激励管理办法
CGZD-016	委外加工管理规定
CGZD-017	物资（材料）采购及付款制度
CGZD-018	采购绩效评估制度
第二部分　采购管理表格范本	
CGBG-001	采购计划表
CGBG-002	用料计划表
CGBG-003	采购数量计划表
CGBG-004	采购预算表
CGBG-005	采购申请单
CGBG-006	采购变更审批表
CGBG-007	采购开发周期表
CGBG-008	请购单
CGBG-009	临时采购申请单
CGBG-010	采购订单
CGBG-011	采购进度控制表
CGBG-012	采购电话记录表
CGBG-013	物料订购跟催表
CGBG-014	到期未交货物料一览表

续表

电子文件编码	文件名
CGBG-015	采购订单进展状态一览表
CGBG-016	采购追踪记录表
CGBG-017	交期控制表
CGBG-018	来料检验日报表
CGBG-019	不合格通知单
CGBG-020	损失索赔通知书
CGBG-021	比价、议价记录单
CGBG-022	供应商产品直接比价表
CGBG-023	价格变动原因报告表
CGBG-024	采购成本汇总表
CGBG-025	采购成本差异汇总表
CGBG-026	采购成本比较表
CGBG-027	供应商资料一览表
CGBG-028	供应商问卷调查表
CGBG-029	供方考察记录
CGBG-030	合格供应商名录
CGBG-031	供应商供货情况历史统计表
CGBG-032	A级供应商交货基本状况一览表
CGBG-033	供应商交货状况一览表
CGBG-034	供应商跟踪记录表
CGBG-035	供应商异常处理联络单
CGBG-036	供应商绩效考核分数表
CGBG-037	合格供应商资格取消申请表
CGBG-038	样品质量评价表
CGBG-039	采购审查表
CGBG-040	采购验收过程一览表
CGBG-041	检验报告单
CGBG-042	采购质量控制表
CGBG-043	物料内容偏差处理一览表
CGBG-044	退货单
CGBG-045	委外加工计划表
CGBG-046	外协加工联系单
CGBG-047	采购结算计划
CGBG-048	资金支出(采购)计划
CGBG-049	预付款申请表
CGBG-050	采购人员价格绩效比较表

目录 CONTENTS

第一部分 采购管理制度与表格设计要领

第一章 采购管理全程运作模式 ········· 2
一、企业采购管理基本职能 ········· 2
二、企业采购管理业务内容和模式 ········· 2
三、企业采购管理控制要点 ········· 4

第二章 采购管理制度化 ········· 4
一、采购管理制度的意义 ········· 4
二、采购管理制度的内容 ········· 5
三、采购管理制度设计的步骤 ········· 7
四、采购管理制度设计的注意要点 ········· 8

第三章 采购管理表格化 ········· 8
一、表格化管理的益处 ········· 9
二、企业常备采购管理表格 ········· 9
三、采购管理表格设计 ········· 9
四、采购表格的管理要求 ········· 11

第二部分 采购管理制度

第四章 采购规划管理制度 ········· 14
一、公司采购权限政策 ········· 14
二、采购作业规范 ········· 23
三、采购作业管理细则 ········· 26
四、采购作业流程规范 ········· 33

第五章 采购计划管理制度 ········· 35
一、大宗原材料采购计划管理办法 ········· 35

二、备品配件采购计划管理办法 …………………… 37

第六章 采购订单跟踪管理制度 43
一、请购单管理制度 …………………………………… 43
二、采购询价、比价管理规定 ………………………… 49
三、采购交期管理办法 ………………………………… 51
四、采购进度及交期控制程序 ………………………… 55
五、进料接收管理办法 ………………………………… 56
六、收料作业指导书 …………………………………… 58

第七章 供应商管理制度 60
一、供应商日常管理制度 ……………………………… 60
二、供方评审管理办法 ………………………………… 64
三、潜在供应商资格认可评价标准 …………………… 66
四、现有供应商资格认可评价标准 …………………… 68
五、潜在供应商资源信息库建设及管理办法 ………… 70
六、供应商考核与奖惩实施细则 ……………………… 71
七、供应厂商奖惩办法 ………………………………… 75

第八章 采购价格与成本控制制度 77
一、采购物资价格审核程序 …………………………… 77
二、采购价格管理流程规范 …………………………… 80
三、采购询价管理规定 ………………………………… 82
四、采购成本管理制度 ………………………………… 84

第九章 采购质量管理制度 86
一、采购质量管理程序 ………………………………… 86
二、采购过程控制程序 ………………………………… 91
三、采购货物质量认证程序 …………………………… 96
四、产品质量赔偿和激励管理办法 …………………… 99
五、采购件质量索赔管理办法 ………………………… 106
六、采购质量协议书 …………………………………… 109
七、产品（服务）品质保证协议 ……………………… 111

第十章 采购结算与付款管理制度 115
一、采购货物（工程劳务）合同、付款及发票
　　管理制度 …………………………………………… 115

二、采购与付款流程规范 ··· 124
第十一章　采购绩效管理制度 ·· 128
　　一、采购人员绩效考核实施方案 ····································· 128
　　二、采购绩效评估制度 ··· 132
　　三、采购人员月度绩效评估制度 ····································· 135

第三部分　采购管理表格

第十二章　采购规划管理表格 ·· 138
　　一、采购工作手册大纲 ··· 138
　　二、某公司采购作业授权表 ··· 139
　　三、某公司采购职务权限表 ··· 141
　　四、某工程公司采购核决表 ··· 141

第十三章　采购计划与预算管理表格 ··································· 142
　　一、＿＿＿＿年度（预测）采购需求计划表 ··················· 142
　　二、＿＿＿＿批次（月度）采购需求计划表 ··················· 142
　　三、＿＿＿项目月度采购计划（＿＿＿年＿＿月）··· 143
　　四、＿＿＿月份物料招标工作计划 ································ 144
　　五、＿＿＿＿年第＿＿批次集中采购需求审批表 ·········· 144
　　六、月度物料需求计划审批表 ······································· 145
　　七、＿＿＿＿项目采购申请单台账 ································ 145
　　八、采购申请单（一） ··· 146
　　九、采购申请单（二） ··· 146
　　十、采购变更申请单 ·· 147
　　十一、采购变更审批表 ·· 147
　　十二、（零配件、经常性耗用物料）采购开发
　　　　　周期表 ··· 148

第十四章　采购订单跟踪管理表格 ······································ 148
　　一、请购单 ··· 148
　　二、临时采购申请单 ·· 149
　　三、采购订单 ·· 149

四、采购进度控制表 …………………………… 150
五、订货进度管理表 …………………………… 150
六、采购电话记录表 …………………………… 151
七、物料订购跟催表 …………………………… 151
八、催货通知单 ………………………………… 151
九、到期未交货物料一览表 …………………… 152
十、采购订单进展状态一览表 ………………… 152
十一、采购追踪记录表 ………………………… 153
十二、交期控制表 ……………………………… 153
十三、来料检验日报表 ………………………… 153
十四、不合格通知单 …………………………… 154
十五、损失索赔通知书 ………………………… 154

第十五章　供应商管理表格 ……………………… 155

一、潜在供应商推荐表 ………………………… 155
二、潜在供应商基本情况调查表 ……………… 156
三、＿＿＿年＿＿月份供方评审计划表 …… 157
四、供方情况登记调查表 ……………………… 157
五、供方综合考查表 …………………………… 158
六、供方评审不合格项整改通知单 …………… 159
七、供方评审审批表 …………………………… 160
八、供方特批供货审批表 ……………………… 161
九、供方评审项目清单及评分标准 …………… 161
十、供应商专用工装/模具清单 ……………… 167
十一、供应商量检具、检测试验设备清单 …… 168
十二、供应商的分供方清单 …………………… 168
十三、供应商选样检验记录表 ………………… 169
十四、合格供应商名录 ………………………… 170
十五、供应商供货情况历史统计表 …………… 170
十六、A级供应商交货基本状况一览表 ……… 171
十七、供应商交货状况一览表 ………………… 171
十八、供应商定期评审表 ……………………… 172
十九、供应商分级评鉴表 ……………………… 172

二十、供方评价报告 …………………………………… 174
　　二十一、供应商年度综合评价表 ……………………… 175
　　二十二、供应商跟踪记录表 …………………………… 175
　　二十三、取消合格供应商资格申请单 ………………… 176
　　二十四、需方非常满意通知单 ………………………… 176

第十六章　采购价格与成本控制表格 …………………… 177
　　一、外购价格报审单 …………………………………… 177
　　二、供方零件报价单 …………………………………… 178
　　三、询价单 ……………………………………………… 179
　　四、物料采购询价单 …………………………………… 179
　　五、比价、议价记录单 ………………………………… 180
　　六、供应商产品直接比价表 …………………………… 181
　　七、报价核算表 ………………………………………… 181
　　八、价格变动原因报告表 ……………………………… 182
　　九、价格通知书 ………………………………………… 183
　　十、核价申请报告 ……………………………………… 183
　　十一、采购成本分析表 ………………………………… 184
　　十二、冲压制品成本分析表 …………………………… 185
　　十三、塑胶制品成本分析表 …………………………… 186
　　十四、说明书、彩盒、目录单价明细表 ……………… 186
　　十五、采购成本汇总表 ………………………………… 187
　　十六、采购成本差异汇总表 …………………………… 188
　　十七、采购成本比较表 ………………………………… 188

第十七章　采购质量管理表格 …………………………… 189
　　一、样品质量评价表 …………………………………… 189
　　二、货物采购环境表 …………………………………… 189
　　三、采购审查表 ………………………………………… 190
　　四、采购部质量目标表 ………………………………… 191
　　五、采购质量监察考核表 ……………………………… 191
　　六、采购验收过程一览表 ……………………………… 192
　　七、检验报告单 ………………………………………… 192
　　八、采购质量控制表 …………………………………… 193

九、采购验收表 …………………………………… 193
　十、物料内容偏差处理一览表 …………………… 194
　十一、品质抱怨单 ………………………………… 194
　十二、退货单 ……………………………………… 195
　十三、供应商索赔通知单 ………………………… 195
　十四、索赔报告 …………………………………… 196
　十五、质量索赔通知单 …………………………… 198

第十八章　采购结算与付款管理表格 …………… 200
　一、采购结算计划 ………………………………… 200
　二、资金支出（采购）计划 ……………………… 200
　三、预付款申请表 ………………………………… 200
　四、请款单 ………………………………………… 201
　五、付款申请表 …………………………………… 201
　六、货款结算单 …………………………………… 202
　七、采购付款汇总表 ……………………………… 202
　八、采购付款进程表 ……………………………… 203
　九、采购支出证明表 ……………………………… 203

第十九章　采购绩效管理表格 …………………… 203
　一、采购管理系统绩效测评表 …………………… 203
　二、采购业务指标目标管理卡 …………………… 207
　三、采购经理的绩效标准 ………………………… 207
　四、采购人员的关键绩效指标与权重 …………… 208
　五、采购员个人绩效责任书 ……………………… 209
　六、采购员绩效考核表 …………………………… 211
　七、采购员岗位绩效考核表（月度） …………… 213
　八、采购人员价格绩效比较表 …………………… 213

参考文献 …………………………………………… 214

第一部分
采购管理制度与表格设计要领

- 第一章　采购管理全程运作模式
- 第二章　采购管理制度化
- 第三章　采购管理表格化

第一章 采购管理全程运作模式

一、企业采购管理基本职能

企业采购管理是一个系统过程,有自己的运作流程和运作模式,其基本职能有三点。

(1) 保证企业所需的各种物资的供应。

(2) 与供应商建立稳定有效合作关系,为企业营造一个宽松有效的资源环境。

(3) 从资源市场获取各种信息,为企业的物资采购和生产决策提供信息支持。

其中职能(1)是最重要、最基本的任务。如果这一项做不好,就不能称之为采购管理。

二、企业采购管理业务内容和模式

为了实现采购管理的基本职能,采购管理需要有一系列的业务内容和业务模式。采购管理的基本内容和模式如下图所示。

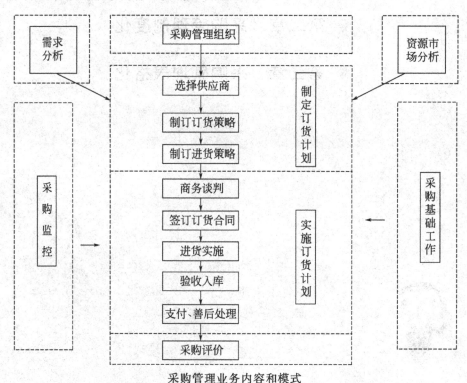

采购管理业务内容和模式

(一) 采购管理组织

采购管理组织是采购管理最基本的组成部分，为了做好企业复杂繁多的采购管理工作，需要有一个合理的管理机制和一个精干的管理组织机构，要有一些能干的管理人员和操作人员。

(二) 需求分析

需求分析就是要弄清楚企业需要采购什么品种、需要采购多少、什么时候需要什么品种、需要多少等问题。作为整个企业的物资采购供应部门，应当掌握全企业的物资需求情况，制订物料需求计划，从而为制订出科学合理的采购订货计划做准备。

(三) 资源市场分析

资源市场分析是指根据企业所需求的物资品种，分析资源市场的情况，包括资源分布情况、供应商情况、品种质量、价格情况、交通运输情况等。资源市场分析的重点是供应商分析和品种分析，分析的目的是为制订采购订货计划做准备。

(四) 制订采购订货计划

制订采购订货计划是指根据需求品种情况和供应商的情况，制订出切实可行的采购订货计划，包括选定供应商、供应品种、具体的订货策略、运输进货策略以及具体的实施进度计划等。具体解决什么时候订货、订购什么、订多少、向谁订、怎样订、怎样进货、怎样支付等一系列计划问题，为整个采购订货规划一个蓝图。

(五) 采购计划实施

采购计划实施是指把上面制订的采购订货计划分配落实到人，根据既定的进度实施，具体包括联系指定的供应商、进行贸易谈判、签订订货合同、运输进货、到货验收入库、支付货款以及善后处理等。通过这样的具体活动，最后完成了一次完整的采购活动。

(六) 采购评估与分析

采购评估是指在一次采购完成以后对这次采购的评估，或月末、季末、年末对一定时期内的采购活动的总结评估。主要在于评估采购活动的效果、总结经验教训、找出问题、提出改进方法等。通过总结评估，可以肯定成绩、发现问题、制订措施、改进工作，不断提高采购管理水平。

（七）采购监控

采购监控是指对采购活动进行的监控活动，包括对采购有关人员、采购资金、采购事物活动的监控。

（八）采购基础工作

采购基础工作是指为建立科学、有效的采购系统，需要进行的一些基础性建设工作，包括管理基础工作、软件基础工作和硬件基础工作。

三、企业采购管理控制要点

从采购管理的基本内容和模式就可以看出采购管理应考虑的问题和控制要点，如下图所示。

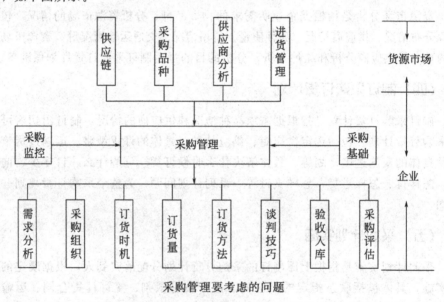

采购管理要考虑的问题

第二章　采购管理制度化

一、采购管理制度的意义

制订健全、适用的采购管理制度，即使企业界内各项采购作业予以规范化、标准化，同时也带来下列积极意义。

(1) 各项工作方法有依据可循。
(2) 各项评价方法有标准可循。
(3) 提升各项采购作业效率。
(4) 确保采购工作品质良好。
(5) 提升员工的工作士气。
(6) 明确各项工作的权责。
(7) 建立良好的企业形象。

二、采购管理制度的内容

完善的采购规章制度可以规范采购人员的行为，规范采购作业流程，从而起到规范采购活动的作用。一般而言，采购规章制度包括以下内容（见下表），但不止于以下内容。

采购规章制度

序号	类别	内容要求
1	采购政策	采购政策是一种声明的性质，用来描述采购行动的企图与方针，其目的是引导采购行为，以达到其整体的目标。制订采购政策和程序的目的是： (1)在企业中把采购的功能与角色以条文来表示 (2)确定采购管理的部门、其责任与采购作业程序 (3)确定并改善采购部门和其他功能部门之间的关系 (4)将政策标准化并发布 (5)促进供应商了解以及合作 (6)提供绩效评估的标准 (7)提高采购部门的专业水准 (8)方便训练新进成员以及指导其他人员 企业的政策中应该要明确定义"采购功能"的责任，包括采购受到哪些法律、规章、企业习惯的影响，以及采购部门和其他部门之间的关系
2	采购控制程序	采购控制程序的目的是使采购工作有所依循，完成适质、适量的采购职能。其内容包括各部门、有关人员的职责，采购程序要点，采购流程图以及采购的相关文件、相关表格等
3	采购规范	采购规范是指将所采购的物料规格详细地记录下来，成为采购人员要求供应商遵守的规范。内容包括商标或商号名称、蓝图或规格表、化学分析或物理特性、材料明细表及制造方法、用途及使用说明、标准规格及样品等

续表

序号	类别	内容要求
4	采购管理办法	采购管理办法是指对企业采购流程每一个步骤的详细说明
5	采购作业规定	采购作业规定是指采购作业的信息搜集、询价采购、比价采购或者是议价采购、供应商的评估和所取样品、选择供应商、签订采购合同、请购、订购、与供应商的协调沟通及催交、进货验收、整理付款等的相关规定
6	采购作业指导书	采购作业指导书是对采购作业进行指导,使采购作业有序进行
7	外协加工管理办法	外协加工管理办法是对外协加工的管理规定,具体包括外协加工的目的、范围、类别、厂商调查、选定方法及基准、试用、询价、签订合同、申请、外协、质量控制、不良抱怨、付款、模具管理、外协厂商辅导以及考核的规定
8	物料与采购管理系统	物料与采购管理系统包括材料的分类编号、存量控制、请购作业、采购作业、验收作业、仓储作业、领料发料作业、成品仓储管理、滞料废料处理等有关规定
9	进料验收管理办法	进料验收管理办法主要包括物料验收以及入库作业的有关规定
10	采购争端解决的规定	采购争端解决的规定包括解决采购争端规定的要求、解决采购争端的常见方法等
11	请示汇报制度	请示汇报制度是对采购活动一些关键环节予以控制,如果出现超越权限范围的情况,要及时请示采购主管,或者是采购副总经理,特别是在采购活动中的一些关键环节,如签订合同、改变作业程序、指标等,一定要及时请示汇报
12	资金使用制度	资金使用制度是对采购资金的使用要建立严格的规章制度,对资金使用的各环节加以监控。特别是货款的支付,要慎重从事,充分考虑供应商的信用情况,从而减低采购风险
13	运输进货控制进度	运输进货控制进度是为了降低进货风险,在签订采购合同时要明确进货风险与责任以及理赔的相应办法,一些贵重货物要办理好保险,降低采购进货的风险
14	采购评价制度	采购评价制度包括两个部分:一是对采购人员的评价,二是对采购部门的评价。建立采购评价制度的目的,就是要评定业绩,总结经验,纠正缺点,改进工作,同时也是一种监管与控制
15	奖惩制度	奖励与惩罚是对采购人员的行为进行监控的重要内容之一。奖惩的意义在于鼓励和肯定积极因素,抵制和否定消极因素,从而保证采购队伍积极向上、努力工作的精神面貌。内容包括奖惩的依据、标准、方式等

不同的企业对制度的叫法可能有些不一样，又因企业规模、采购种类、采购方式不同，而会制订繁简不一的制度，比如有的企业，既有内购，又有外购，则须分别予以规定；有的企业有外协加工，则要制订外协加工规定，而有些没有外协加工的则不需要这些规定。总而言之，要根据企业的需要来设计，具体可以参考以后章节中的制度来进行个性化修改，但编者反对完全照搬，因为制度往往涉及各个部门的责任，而不同企业的部门设置是不一样的，所以，一定要进行修改。

三、采购管理制度设计的步骤

采购制度通常由采购部门经理会同其他相关部门负责人组成的工作小组来完成，制度的制订要经过多次循环的过程，在颁布执行之前，还要经过各相关部门的认真讨论、修订。采购规章制度制订的大致步骤如下图所示。

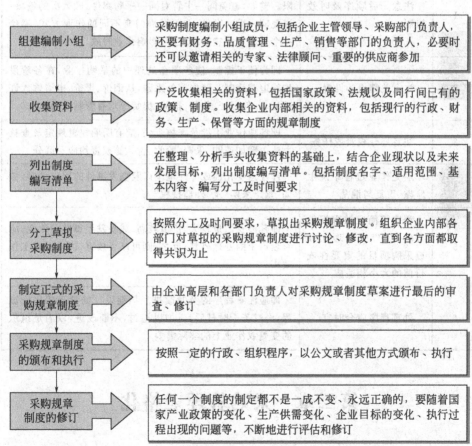

采购管理制度设计的步骤

四、采购管理制度设计的注意要点

在采购管理制度设计中有一项重要的工作,就是采购作业流程的制作。采购作业流程,会因采购的来源——国内采购、国外采购;采购的方式——议价、比价、招标;以及采购的对象——物料、工程发包等,在作业细节上有若干差异,但是基本的流程则大同小异。

企业规模愈大,采购金额偏高者,对程序的设计愈为重视。在此将一般采购作业的流程设计应注意的要点,列述如下表。

采购管理制度设计的注意要点

序号	注意要点	详细说明
1	注意先后顺序及时效控制	即应注意其流畅性与一致性,并考虑作业流程所需要时限。譬如,避免同一主管对同一采购案件,做数次的签核;避免同一采购案件,在不同部门有不同的作业方式;避免一个采购案会签部门太多,影响作业时效
2	注意关键点的设置	即为便于控制,使各项在处理中的采购作业,在各阶段均能追踪管制。譬如国外采购,从询价、报价、申请输入许可证、开信用证、装船、报关、提货等均有管制要领
3	注意划分权责或任务	即各项作业手续及查核责任,应有明确权责规定及查核办法。譬如请购、采购、验收、付款等权责均应予区分
4	避免作业过程中发生摩擦、重复与混乱	即注意变化性或弹性范围以及偶发事件的因应法则,譬如"紧急采购"及"外部授权"
5	程序繁简或被重视的程度,应与所处理业务或采购项目的重要性或价值的大小相适应	即凡涉及数量较大,价值较高,或易发生舞弊的作业,应有较严密的处理监督;反之,则可略予放宽,以求提高工作效率
6	处理程序应合时宜	即应注意程序的及时改进。早期设计的处理程序或流程,经过若干时日后,应加以检讨,不断改进,以满足组织的变更或作业上的实际需要

第三章 采购管理表格化

表格化管理是提高管理水平,尤其是管理效率,做到"事有所知,物有所管。人尽其职,物尽其用"的较好方式。

一、表格化管理的益处

所谓管理表格化是企业规范化管理的主要实施途径。把制度转化为表格，表格化是落实制度的重要途径。其具备简洁、明了、易操作的特点，易把制度化的东西转化为可实际操作的东西。数据化是企业规范管理的现实体现，只有数据最能体现结果。无论是制度化，还是表格化，最终能体现规范管理的只能是数据。

二、企业常备采购管理表格

采购管理表格是有效管理采购工作所不可缺少的信息资源，它记载、储存和反映了采购业务的进行和完成情况，以及提供，各种采购信息资料。

采购部必须具有的、最重要的基础采购管理表格主要有下表所列几个方面。

企业常备采购管理表格

序号	类别	具体说明
1	材料规范卷宗	材料规范卷宗是指企业需用的各种材料的规范,应分类编号并编制索引,存入卷宗以便查考
2	产品目录卷宗	产品目录卷宗是指分类保管各供货厂商编印的产品目录和说明书
3	供货厂商记录	供货厂商记录是为每一供货厂商填制一张卡片,除记载该供货厂商的基本信息外,还记载对供货厂商访问调查的评价资料以及合同执行情况的计分评价记录
4	价格记录	价格记录是指记录各种主要材料的市场价格、合同价格和报价
5	采购记录	采购记录是指每种材料都要填制一份,记载请购单号数和请购数量,订购单(或合同)号数和订购数量,发票号数、发货数量和发票金额,收料单号数和收料数量,拒收短损数量与索赔等事项
6	未完成订购单(或合同)卷宗	未完成订购单(或合同)卷宗是指保管未完成交货的订购单(或合同)
7	已完成订购单(或合同)卷宗	已完成订购单(或合同)卷宗是指保管已完成交货的订购单(或合同)。目前采购记录大都实现计算机处理和数据库管理

三、采购管理表格设计

（一）设计原则

采购管理表格的设计，应依循下列两项原则，如下图所示。

采用一次自动套写的方式，不必用复写纸，不但可以节省填写的时间，并可减少错误的可能性；迅速传送相关部门，提高采购作业效率

采用一单多功能的方式，使请购单不但可以作为申请单位的需求凭证，同时可以提供给采购部作为核准采购的凭证；给财务部作为审核付款的凭证；给仓储单位作为验收数量的凭证等

采购管理表格的设计原则

（二）主要记录表格的设计方法

以下介绍两种主要记录表格的设计方法。

1. 请购单

请购单是采购作业的起点，通常是由使用单位、料务单位（列入存量管制的物料）、生产管制单位或扩建专案小组等所签发的单据。

（1）内容。其内容主要载述所需申购物料的名称、规格、料号、请购数量、需要日期等，并涵盖请购、采购、验收三种签核流程。此种一单多功能的请购单，通称为"物料管制单"。

（2）联次要求。由于用途的不同，请购单（物料管制单）通常有数联而以颜色区分，以利分发传送。由采购单位留存者（第一联）又称准购单，由会计单位留存者（第二联）又称验收单，由电脑中心留存者（第三联）又称验收单副联，由请购单位留存者（第四联）又称采购通知单，由料务单位留存者（第五联）又称验收单物料联，由请购单位在审核时所留存者（第六联）又称请购单。

当请购单位填写请购单，并经其主管核准后，留存第六联作为将来查询追踪之用，而将其余五联送至采购单位承办。当采购程序完成后（经过询价、报价、比价、议价、核准），留存第一联作为日后稽催的依据，而将第四联送交请购单位，其余三联全部送交料务单位。待采购的物料送达并经验收后，料务单位将第二联送交会计单位作为付款凭单，第三联交电脑中心输入资料。

（3）适用情形。请购单（物料管制单）比较适用于一般消耗性的物料请购或机器设备的请修；至于机器设备等固定资产的购置，因其采购价值很大，对企业将来的产销营运产生重大影响，所以必须详细地探讨采购的必要性，特别是成本效益分析，因此，此种请购单的格式与内容，与物料请购单大不相同。

2. 订购单

当采购单位决定采购对象后，通常会寄发订购单给供应商，作为双方将来交货、验收、付款的依据。国外采购因双方沟通不易，订购单成为确认交易必需的工具。国内采购可依情况决定是否给予供应商订购单。由于采购部门签发订购单

后，有时并未要求供应商签署并寄回，形成买方对卖方的单向承诺，自属不利。但订购单却能使卖方安心交货，甚至可获得融资的便利。

（1）内容。订购单内容特别侧重交易条件、交货日期、运输方式、单价、付款方式等。

（2）联次。因用途不同，订购单可分为厂商联（第一联），作为厂商交货时的凭证；验收的参考联（第三联）；请款联（第四联），可取代请购单第二联或验收单；承办联（第五联），由制发订购单的单位自存。

（3）背面内容。通常在订购单的背面，大多会有附加条款的规定，这些规定也构成订购条件的一部分。

四、采购表格的管理要求

采购管理表格是采购作业追溯的原始性的和基础性的资料，所以应加以安全、有效的保管，一般可根据企业的记录控制程序来加以管理。具体要求如下。

（1）记录填写应及时、准确。

（2）对各项记录应进行标记、分类，以便查阅、修改和处理。

（3）遵循记录作废的条件和销毁方式进行处理。

（4）保证记录对采购的可追溯性和追溯期限。

（5）记录应为采购分析提供依据，以便分析和确定价格、品质趋势。

（6）进行有效的归档、保管。

第二部分
采购管理制度

- ◆ 第四章　采购规划管理制度
- ◆ 第五章　采购计划管理制度
- ◆ 第六章　采购订单跟踪管理制度
- ◆ 第七章　供应商管理制度
- ◆ 第八章　采购价格与成本控制制度
- ◆ 第九章　采购质量管理制度
- ◆ 第十章　采购结算与付款管理制度
- ◆ 第十一章　采购绩效管理制度

第四章　采购规划管理制度

一、公司采购权限政策

公司采购权限政策

1. 总则
1.1 目的
(1)为本集团及下属各分公司开展采购业务明确职责和责任及防范潜在风险提供一个基础。
(2)明确并确保相关管理层对合同条款的审查和审批。
(3)使本集团及下属各分公司的采购活动在有序和受控的环境下进行。
(4)保证物料采购和服务采购在数量、质量和交货期方面满足本集团及下属各分公司的具体需求及获得合理的、具有竞争力的价格和服务。
(5)授权第一线经理为保证材料需求和保证项目进度对供应商的信息做出快速的响应。
1.2 定义
1.2.1 采购
采购是指物料采购和服务采购及其他一切对外付款的采购商务活动，至少包括以下采购商务活动。

序号	类别	活动
1	物料采购	(1)原材料和零部件的采购 (2)刀具量具的采购 (3)仪器仪表的采购 (4)劳防用品及消耗品的采购 (5)技措技改项目的采购，包括土建项目的外包及设备的采购 (6)零部件加工及工模具外协 (7)设备配件的采购
2	服务采购	(1)科研项目外包服务 (2)试验项目 (3)咨询服务 (4)保险服务 (5)培训服务 (6)运输服务 (7)修理服务

1.2.2 管理层审批级别
管理层审批级别1：分公司部门经理。
管理层审批级别2：分公司分管总经理。
管理层审批级别3：分公司总经理或集团采购部部长。
管理层审批级别4：集团分管副总裁或总裁。

1.3 原则

1.3.1 本权限政策是根据合资合同的原则制订。

1.3.2 集团各分公司所有的供应商将从一份具有能够按质量、数量、交货期和有竞争力的价格、经质保部及工程部审核合格、集团采购部批准的供应商名录中挑选。一切采购活动必须遵循书面报价、货比三家、财务部核价（按财务部核价工作单办理）的原则，以保证充分的竞争。供应商的挑选应以公平、遵循商业道德行为的方式进行。与非合格供应商名录中的供应商进行任何采购商务交易前必须获得集团采购部的批准。

1.3.3 本集团各分公司将仅与直接供应商进行交易，而不是通过中间商，除非通过中间商对本集团各分公司有利，或本集团各分公司不可能直接与直接供应商进行交易，通过中间商进行任何商务交易必须事先经集团采购部批准。

1.3.4 采购一般应使用书面订单。2000元以下的量小、金额低的或现货采购在得到分公司分管总经理的批准后可在无书面订单的情况下进行采购活动。书面订单应按集团的标准条款和条件，至少规定供货范围和规格、价格、交货期、质保、付款和其他适当的条款和条件。

1.3.5 采购合同的条款和条件与标准条款和条件发生任何变化或偏离时，必须经分公司分管总经理最终批准。

1.3.6 各分公司必须严格按与供应商之间的合同规定、在完成工作开具出最终验收单并收到有效发票和经有关主管批准后方可后向供应商付款。

1.3.7 一切采购活动应在与供应商平等、互惠互利和遵循商业道德行为的基础上进行。

1.4 组成部分

本权限政策有以下三部分组成。

（1）供应商资质评估及最终选择权限政策。

（2）价格权限政策。

（3）合同条款及付款权限政策。

1.5 程序

1.5.1 本权限政策描述了需评估的物料采购合同和服务采购合同所必须的审批规定。权限审批的申请必须以规定书面形式递交分公司部门经理及分管总经理审批，并需附有供应商书面报价资料、谈判结果、申请人分析意见及意向、财务部核价意见。签订合同前，无论是年度经营计划的一部分，或是经有关管理部门批准的业务计划，或是一次性的采购申请，必须预先按权限政策规定获得分公司部门经理及分管总经理的批准。

1.5.2 在审批过程中，对交易有不同意见的均需以书面表达其观点，然后递交上一级管理层审批，集团分管副总裁或总裁具有最终决定权。

1.6 备查

采购部门必须保存所有权限政策审批的书面记录备查。

1.7 复审

本权限政策每年复审一次，有关修改需报集团最高管理层，经集团分管总裁批准后生效。

1.8 授权

审批经理因故不能签署按权限政策要求需其签署的权限政策文件时，应授权其下属代理行使其职权，但这并不能排除他按权限政策规定的相关责任。

1.9 承诺

各部门的经理必须签署指定的权限政策文件。从事采购的部门及签署采购文件的各级经理认定他们签署的权限政策文件是符合本权限政策规定的,并独立承担责任。

2. 供应商资质评估及最终选择权限政策

2.1 选择供应商应在合格分承包商名录中选择多家合格供应商以"货比三家"择优选取或以招(议)标公平竞争的方式进行。

2.2 新增供应商必须按"供方的选择、评价和重新评价管理规定"进行评审合格后方可记入合格分承包供应商名录,与非合格供应商名录中的供应商进行采购商务交易的最终审批是集团采购部。

2.3 每年集团采购部要求各分公司组织一次由质保部、采购部、制造部及相关部门对供应商进行重新评审,编制新一年的合格供应商名录,报集团采购部批准。对供应商应建立关于质量、交货期、价格等方面的档案。质量档案由分公司质保部建立,交货期及价格档案由各分公司采购部建立。

2.4 供应商最终选择权限政策。

供应商	管理层审批级别1	管理层审批级别2	管理层审批级别3	管理层审批级别4
从合格供应商名录中货比三家选取供最终货商	采购部提出供应商候选单位名单,部门经理签字同意	分公司分管副总经理签字批准		
从不在合格供应商名录中货比三家选取供应商	采购部提出供应商候选单位名单,部门经理签字同意	分公司分管副总经理签字同意	集团采购长审核批准	

3. 价格权限政策

3.1 物料采购价格权限政策

3.1.1 原材料和零部件的采购

(1) 每年至少一次由财务部和采购部共同制订下一年度的原材料和零部件采购基价,报分公司分管总经理批准后实施,同时报集团采购部备案。

(2) 原材料和零部件的采购价格应按以下权限政策审批,经批准后由采购部采购。

合同金额(人民币)		管理层审批级别1	管理层审批级别2	管理层审批级别3	管理层审批级别4
基价以内	合同总价≤10万元	分公司采购部经理签字批准			
	10万元<合同总价≤20万元	分公司采购部经理签字	分公司分管副总经理签字批准		
	合同总价>20万元	分公司采购部经理签字	分公司分管副总经理签字批准	分公司总经理批准,集团备案	

续表

合同金额(人民币)			管理层审批级别1	管理层审批级别2	管理层审批级别3	管理层审批级别4
基价以外	偏差<基价3%	合同总价≤5万元	财务部核价,采购部经理及申请部门经理签字	分公司分管副总经理签字批准		
		5万元<合同总价≤10万元	财务部核价,采购部经理及申请部门经理签字	分公司分管副总经理签字同意	分公司总经理批准	
		合同总价>10万元	财务部核价,采购部经理及申请部门经理签字	分公司分管副总经理签字同意	分公司总经理批准,集团备案	
	基价3%<偏差≤基价5%	合同总价≤10万元	财务部核价,采购部经理及申请部门经理签字	分公司分管副总经理签字同意	分公司总经理批准,集团备案	
		合同总价>10万元	财务部核价,采购部经理及申请部门经理签字	分公司分管副总经理签字同意	分公司总经理批准,集团审核	
	偏差>基价5%		财务部核价,采购部经理及申请部门经理签字	分公司分管副总经理签字同意	分公司总经理,集团采购部审核	集团分管副总裁批准
无基价		合同总价≤2万元	财务部核价,采购部经理及申请部门经理签字			
		2万元<合同总价≤5万元	财务部核价,采购部经理及申请部门经理签字	分公司分管副总经理签字批准		
		合同总价>5万元	财务部核价,采购部经理及申请部门经理签字	分公司分管副总经理签字同意	分公司总经理批准,集团备案	

3.1.2 刀具量具的采购

每年一次由质保部会同工艺科、制造部、采购部对供应商进行评估,按《供应商资质评估及最终选择权限政策》的规定编制合格供应商名录,每年财务部会同采购部制订下一年刀具量具的基价,报分公司分管副总经理批准后实施。

刀具量具的采购价格应按以下权限政策审批,经批准后由采购部采购。

合同金额（人民币）		管理层审批级别1	管理层审批级别2	管理层审批级别3	管理层审批级别4
基价以内	合同金额≤5万元	分公司采购部经理签字批准			
	5万元＜合同金额≤10万元	分公司采购部经理签字同意	分公司分管副总经理签字批准		
	合同金额＞10万元	分公司采购部经理签字同意	分公司分管副总经理签字同意	分公司总经理批准	
基价以外	偏差≤基价3%，合同金额≤5万元	采购部经理批准，财务部核价			
	基价3%＜偏差≤基价5%，5万元＜合同金额≤10万元	采购部经理签字，财务部核价	分公司分管副总经理签字批准		
	偏差＞基价5%，合同金额＞10万元	采购部经理签字，财务部核价	分公司分管副总经理签字同意	分公司总经理批准	
无基价	合同金额≤2万元	采购部经理批准，财务部核价			
	2万元＜合同金额≤5万元	采购部经理签字，财务部核价	分公司分管副总经理签字批准		
	合同金额＞5万元	采购部经理签字，财务部核价	分公司分管副总经理签字同意	分公司总经理批准	

3.1.3 仪器仪表的采购

仪器仪表的采购由申请部门经分管领导同意后，按以下权限政策审批，经批准后由采购部采购。

合同金额（人民币）	管理层审批级别1	管理层审批级别2	管理层审批级别3	管理层审批级别4
合同金额≤5万元	采购部经理签字，财务部核价	分公司分管总经理签字批准		
合同金额＞5万元	采购部经理签字，财务部核价	分公司分管副总经理签字同意	分公司总经理批准	

3.1.4 劳防用品及消耗品的采购

劳防用品及消耗品的采购应按以下权限政策审批，经批准后由采购部采购。

合同金额 （人民币）	管理层 审批级别1	管理层 审批级别2	管理层 审批级别3	管理层 审批级别4
合同金额 ≤5万元	采购部经理签字， 财务部核价	分公司分管副总经 理签字批准		
合同金额 ＞5万元	采购部经理签字， 财务部核价	分公司分管副总经 理签字同意	分公司总经理批准	

3.1.5 技措技改项目的采购，包括基建项目外协及设备采购

技措技改项目的采购应按以下权限政策审批，经批准后由采购部采购，重大项目（人民币80万元或美元12万元以上）由总经理会议决定组织专业部门采购。

合同金额 （人民币）	管理层 审批级别1	管理层 审批级别2	管理层 审批级别3	管理层 审批级别4
金额≤5万元	采购部经理签字， 财务部核价			
5万元＜金额 ≤10万元	采购部经理签字， 财务部核价	分公司分管副总经 理签字同意		
金额＞10万元	采购部经理签字， 财务部核价	分公司分管副总经 理签字同意	分公司总经理批准	
重大项目金额 ＞80万元(或 大于10万美元)	专业部门负责人签 字，财务部核价	分公司分管副总经 理签字同意	分公司总经理签字 同意	集团分管副总 裁或总裁批准

3.1.6 零部件加工及工模具外协

（1）零部件加工及工模具的外协只有在公司确实无技术能力或生产负荷不允许及内部加工成本大于外协的情况下才可进行。

（2）每次外协必须从合格供应商名录中选取。采购部会同申请部门必须提供三方书面报价、洽谈结果及意向，报相关经理审批。

（3）零部件加工及工模具的外协应按以下权限政策审批，经批准后由采购部实施。

合同金额 （人民币）	管理层 审批级别1	管理层 审批级别2	管理层 审批级别3	管理层 审批级别4
合同金额 ≤2万元	采购部经理批准， 财务部核价			
2万元＜合同 金额≤10万元	采购部经理签字， 财务部核价	分公司分管副总经 理签字批准		
合同金额 ＞10万元	采购部经理签字， 财务部核价	分公司分管副总经 理签字同意	分公司总经理批准	

3.1.7 设备配件采购

设备配件按以下权限政策审批，经批准后由采购部实施。

合同金额 （人民币）	管理层 审批级别 1	管理层 审批级别 2	管理层 审批级别 3	管理层 审批级别 4
金额≤1 万元	采购部经理批准， 财务部核价			
1 万元＜金额 ≤5 万元	采购部经理签字， 财务部核价	分公司分管副总经 理签字批准		
金额＞5 万元	采购部经理签字， 财务部核价	分公司分管副总经 理签字同意	分公司总经理批准	

3.2 服务采购

3.2.1 科研项目的外包服务

已立项的科研项目的外包服务应按以下权限政策审批。科研项目的外包经批准后由分公司总经理决定相关部门实施。

合同金额 （人民币）	管理层 审批级别 1	管理层 审批级别 2	管理层 审批级别 3	管理层 审批级别 4
金额≤1 万元	实施部门经理签字， 财务部核价	分公司分管副总经 理签字批准		
金额＞1 万元	实施部门经理签字， 财务部核价	分公司分管副总经 理签字同意	分公司总经理批准	

3.2.2 试验项目外包服务

试验项目外包服务应按以下权限政策审批，经批准后由分公司总经理决定相关部门实施。

合同金额 （人民币）	管理层 审批级别 1	管理层 审批级别 2	管理层 审批级别 3	管理层 审批级别 4
金额≤1 万元	实施部门经理签字， 财务部核价	分公司分管副总经 理签字批准		
金额＞1 万元	实施部门经理签字， 财务部核价	分公司分管副总经 理签字同意	分公司总经理批准	

3.2.3 咨询服务

咨询服务项目应按以下权限政策审批，经批准后由分公司总经理决定相关部门实施。

合同金额 （人民币）	管理层 审批级别1	管理层 审批级别2	管理层 审批级别3	管理层 审批级别4
金额≤1万元	实施部门经理签字，财务部核价	分公司分管副总经理签字批准		
金额>1万元	实施部门经理签字，财务部核价	分公司分管副总经理签字同意	分公司总经理批准	

3.2.4 保险服务

保险服务项目应按以下权限政策审批，经批准后由财务部实施。

合同金额 （人民币）	管理层 审批级别1	管理层 审批级别2	管理层 审批级别3	管理层 审批级别4
保险服务	财务部经理签字	分公司分管副总经理签字同意	分公司总经理批准	

3.2.5 培训服务

培训服务项目应按以下权限政策审批，经批准后由人力资源部实施。

合同金额 （人民币）	管理层 审批级别1	管理层 审批级别2	管理层 审批级别3	管理层 审批级别4
金额≤1万元	人力资源部经理签字	分公司分管副总经理签字批准		
金额>1万元	人力资源部经理签字	分公司分管副总经理签字同意	分公司总经理批准	

3.2.6 运输服务

运输服务项目应根据集团合格运输单位范围内，按以下权限政策审批，经批准后由采购部实施，产品运输部门协助。

合同金额 （人民币）	管理层 审批级别1	管理层 审批级别2	管理层 审批级别3	管理层 审批级别4
金额≤2万元	采购部经理批准，财务部核价			
2万元＜金额≤5万元	采购部经理签字，财务部核价	分公司分管副总经理签字批准		
金额＞5万元	采购部经理签字，财务部核价	分公司分管副总经理签字同意	分公司总经理批准	

3.2.7 修理服务

（1）此处修理服务指空调、复印机及办公设备的修理服务。修理服务原则上应委托设备制造商的维修服务部进行修理。实施部门应对能够定点修理的项目寻找定点修理服务单位，提出建议，经批准后作为定点修理服务单位。

（2）修理服务按以下权限政策审批，经批准后由实施部门实施。

合同金额 （人民币）		管理层 审批级别1	管理层 审批级别2	管理层 审批级别3	管理层 审批级别4
定点修理 服务单位	金额≤2000元	实施部门经理批准，财务部核价			
	金额＞2000元	实施部门经理签字，财务部核价	分公司分管副总经理签字批准		
非定点 服务单位	金额≤2000元	实施部门经理签字，财务部核价	分公司分管副总经理签字批准		
	金额＞2000元	实施部门经理签字，财务部核价	分公司分管副总经理签字同意	分公司总经理批准	

4. 合同条款及付款权限政策

4.1 付款条件所有合同条款的付款条件最多不得超过 2/7/1，即预付款（如有）最多不得超过合同金额的 20%，交货后或项目完成后支付合同金额的 70%，合同金额的 10% 为质保金。服务合同的质保金在最终验收合格后支付，物料采购合同的质保金在质保期满后支付，质保期不低于 6 个月。

比例变化	管理层 审批级别1	管理层 审批级别2	管理层 审批级别3	管理层 审批级别4
比 2/7/1 不利的 付款条款			分公司总经理批准	

4.2 合同条款（规格、交货期、付款条件）的变更。

4.3 如合同条款，如规格、交货期、付款条件等发生变化时，需按以下程序审批。

合同条款 的变化	管理层 审批级别1	管理层 审批级别2	管理层 审批级别3	管理层 审批级别4
规格发生变化	原签订合同部门和原采购申请部门经理签字			
交货期发生变化	原签订合同部门和原采购申请部门经理签字	分公司分管副总经理签字批准		
付款条件发生变化	原签订合同部门经理及财务部签字	分公司分管副总经理签字同意	分公司总经理批准	

4.4 索赔

在采购活动中无论任何原因引起的或可能引起的实际的和潜在的索赔（无论对公司有利或不利）均必须尽快报告分公司总经理。

管理层审批级别1	管理层审批级别2	管理层审批级别3	管理层审批级别4
原签订合同部门经理、责任部门及财务部经理签字	分公司分管副总经理签字同意	分公司总经理批准	

4.5 法律顾问或法律代理协议

所有与法律顾问或法律代理的协议均由分公司总经理决定。

管理层审批级别1	管理层审批级别2	管理层审批级别3	管理层审批级别4
责任部门经理签字		分公司总经理批准	

4.6 付款前审批

付款应按合同条款。此外,如一次性付款金额在10万元以下的,须由分公司分管副总经理签字批准,10万元以上的须由分公司总经理签字批准。

付款额度	管理层审批级别1	管理层审批级别2	管理层审批级别3	管理层审批级别4
一次性付款金额在10万元以下	采购部门、财务部经理签字	分公司分管副总经理签字批准		
一次性付款10万元以上	采购部门、财务部经理签字	分公司分管副总经理签字	分公司总经理批准	

5. 其他

5.1 如集团相关文件的内容与本权限政策有不一致的,按本权限政策规定执行。

5.2 经集团总裁授权,集团采购部、财务部有权对本采购权限政策的执行情况进行检查。

二、采购作业规范

采购作业规范

1. 目的

为规范本企业的采购工作,使各相关人员有序可循,特制订本规范。

2. 适用范围

适用于本企业所有物品的采购。

3. 采购基本原则

采购部应善用公司整体的管理及资源能力,于适当时机,依请购单位需求,以适当的价格及其他如运费、售后服务、厂商关系等有关条件下,购入适当数量及适当品质与功能的标的。

4. 采购程序

经授权批准人核签的请购单,除需补全说明者外,采购部应尽快凭此初选厂商、采购方式、询价、比价、议价,及负责洽议有关的付款条件及交货日期等。

4.1 厂商对象的初选

采购部应从合格厂商名单中选定对象作进一步的报价及比价、议价。

4.2 SWOT 比较分析

采购部应会同使用部门或工程单位就重要采购案对各厂商作 SWOT（Strength/Weakness/Opportunity/Threat）比较分析,以供授权批准人参考。

4.3 采购方式

本公司常用的采购方式有报价采购、比价采购、议价采购、询价现购、招标采购、定价采购及订购等,应视实际需求择一或混合方式执行采购业务,以使公司获得最大利益。

4.4 开放性采购

经常性请购项目,如原料、物料、办公设备、文具等,应依每季、半年或全年预估需求量,采开放性采购方式采购后,再由需求单位视实际需要联络厂商交货。

4.5 规范确认

采购部应会同使用部门或工程单位依厂商所提供的产品目录或样品,共同与适当的厂商讨论有关的工程规范,澄清疑虑,并确认签证,以便厂商报价及日后承作的依据。

4.6 询价、报价

除单一供应厂商或特殊理由外,采购部应依下列准则,洽请厂商报价。

采购金额	议价最低基准
3000 元（含）以内	电话询价
2 万元（含）以内	一张估价单及一家电话报价
2 万至 30 万元（含）	两张估价单
30 万至 100 万元（含）	三张估价单
100 万元（含）以上	四张估价单

4.7 比价、议价

采购部取得厂商报价后,应参考下列各款资料进行比价、议价。

（1）本公司或同业往昔采购价格资料及折扣额。

（2）其他竞争厂商的价格资料。

（3）市场行情、材料成本、工资成本及趸售物价指数。
（4）其他有助价值分析的资料。

4.8 公开招标、比价

采购部经理或上级主管应视个案需求，采用公开招标或公开比价，厂商须于规定时间内将报价单密封面交或邮寄至采购部指定信箱中，厂务部门经理或上级主管应派人会同采购人员、稽核人员及其他有关人员公开开标比价。

4.9 价值分析

采购人员应就下列 10 项检核要点作价值分析，供比价、议价参考。
（1）该项目的功能是否成就其价值？
（2）该项目的成本是否与其功能相称？
（3）是否该项目需要具备它所有的特性？
（4）是否有其他事物可胜于所需求的功用？
（5）是否能透过某种低成本的方法来制造有用的某部分？
（6）是否能找到可派上用场的标准化产品？
（7）该项目是否经由适当的机械或工具所整装成？
（8）该项目的材料、人工及利润是否合理地反应其成本？
（9）是否有另外可靠的供应商能够以较低的价位提供该项目？
（10）是否有任何人以较低价位卖或买到该项目？（报价分析）

4.10 预算控制

采购部比价、议价后，其议价后总金额超过原请购预算金额达 15％且为 15 万元（含）以上者，此请购单需退回原请购单位重行审核预算及需要性，同时采购部应填写单据、退回使用单位参考，以请购变更作业程序取消请购或增加预算采购。

4.11 决标

原则上以最低价决标，若因品质、数量、交货时间、服务程度、供需关系维系或其他原因致未能选定最低标厂商时，采购人员或请购人须述明理由，附于采购单上以供核签参考。经理级以上主管人员应视金额大小及重要性参与议价及决标过程。

4.12 群力小组

针对下列性质的采购案件，采购部人员或上级主管应会同其他相关部门邀请具有专才或经验人士组织群力小组共同拟订规范、寻求厂商、评估、比价、议价等，以使公司获得最大利益。
（1）大金额的采购案。
（2）重要或复杂采购案需专家或有经验人士共同解决者。
（3）采购人员未尽力或对采购人员怀疑等负面意见时的采购。

4.13 紧急采购

因突发状况需争取时效的紧急采购，依请购权责的规定由相关人员核准后，立即将采购单面呈授权批准人核示后，尽快交与厂商及有关人员。

4.14 紧急采购管理

采购部应按月汇报各部门紧急采购次数供各部门经理参考以减少紧急采购。

4.15 开立采购单

除零星费用方式采购外，凡经议价、决标确定后，采购部应依已核签的请购单、已确定的价格及其他有关资料与条件输入计算机，开立采购单，并附齐有关资料供采购部经理审核及授权批准人批准后，寄交厂商及有关人员。采购单号码依年度由××0001起连续编号。

4.16 零星费用方式采购

凡议价后的总成交金额小于2000元的采购案，应免开立采购单，直接依请购单凭以采购、请款、付款。

4.17 采购核决权限及授权批准人

采购核决权限及授权批准人详见董事长及公司核定的核决权限表。

4.18 采购单

采购单格式共计五联。

第一联：供采购部留存。

第二联：供财务部门凭以作账。

第三联：供厂商留存。

第四联：供厂商回联确认。

第五联：供申请人留存。

4.19 订立罚则

采购部应视个案情况与厂商订立罚则，预防延迟交货，以免影响公司权益。

三、采购作业管理细则

采购作业管理细则

1. 采购部门的划分

1.1 内购：由国内采购部门负责办理。

1.2 外购：由国外采购部门负责办理，其进口事务由业务部门办理。

1.3 总经理或经理对于重要材料的采购，可直接与供应商或代理商议价。专案用料，必要时由总经理指派专人或指定部门协助办理采购作业。

2. 采购作业方式

除一般采购作业方式外,采购部门可依材料使用及采购特性,选择下列一种最有利的方式进行采购。

2.1 集中计划采购:凡具有共同性的材料,须以集中计划办理采购。

2.2 长期报价采购:凡经常性使用,且耗量大的材料,采购部门应事先选定厂商议定长期供货价格,呈准后由请购部门按实提出请购。

3. 采购作业处理期限

采购部门应依采购地区、材料特性及市场供需,分类制订材料采购作业处理期限,通知各有关部门以便参考,遇有变更时,应立即修正。

4. 国内采购作业处理

4.1 询价、比价、议价

(1) 采购经办人员接获"请购单(内购)"后应依请购案件的缓急,并参考市场行情、过去采购记录或厂商提供的资料,除经核准得以电话询价之外,另需精选三家以上的供应商办理比价或经分析后议价。

(2) 若厂商报价的规格与请购材料规格略有不同或属代用品的,采购经办人员应出具证明资料并在"请购单"上予以证明,经主管核发后,先会同使用部门或请购部门签注意见后再呈核。

(3) 属于买卖惯例超交者(如最高采购量超过请购量),采购经办人员在议价后,应在请购单"询价记录栏"中注明,经主管签认后呈核。

(4) 对厂商的报价资料经整理后,经办人员应深入分析,以电话等联络方式向厂商议价。

(5) 采购部门接到请购部门以电话联络的紧急采购案件,主管应立即指定经办人员先行询价、议价,待接到"请购单"后,按一般采购程序优先办理。

(6) "试车检验"的采购条件:采购经办人员应在"请购单"上证明与厂商议定的付款条件后呈核。

4.2 呈核及核决

(1) 采购经办人员询价完成后,在"请购单"上详填询价或议价结果及拟订"订购厂商"、"交货期限"与"报价有效期限",经主管审核,并依请购核决权限呈核。

(2) 采购核决权限如下。

采购类别	核决限额	采购核决权限
列属统购项目的原料、物料(包括燃料)	不论金额多少	经理→总经理
非属统购项目的原料、物料(包括燃料)	不论金额多少	经理→总经理

续表

采购类别	核决限额	采购核决权限
财产支出(包括各项购置)的非生产器材	3000元以下 3001~100000元 100000元以上	采购主管 经理直接核决 经理→总经理
消耗用品	3000元以下 3001~50000元 50000元以上	采购主管 经理直接核决 经理→总经理

注：凡列入固定资产管理的采购项目应以"财产支出"核决权限呈核。

4.3 订购

（1）采购经办人员接到经核决的"请购单"后，应以"订购单"向厂商订购并以电话或传真确定交货（到货）日期，同时要求供应商在"送货单"上注明"请购单编号"及"包装方式"。

（2）若属分批交货者，采购经办人员应在"请购单"上加盖"分批交货"章以资识别。

（3）采购经办人员使用暂借款采购时，应在"请购单"加盖"暂借款采购"章，以资识别。

4.4 进度控制及事务联系

（1）国内采购部门应分询价、订购、进货三个阶段，以"采购进度控制表"控制采购作业进度。

（2）采购经办人员未能按既定进度完成作业时，应填制"进度异常反应单"并注明异常原因及预定完成日期，经呈主管批准后转送请购部门，依请购部门意见拟订对策处理。

4.5 整理付款

（1）物料管理部门应按照已办妥收料的"请购单"连同"材料检验报告表"（其免填"材料检验报告表"部分，应在"收料单"加盖"免填材料检验报告表"章）送采购部门，经与发票核对无误，在翌日前由主管核章后送会计部门。会计部门应在结账前办妥付款手续。如为分批收料科"请购单（内购）"的会计联须在第一批收料后送会计部门。

（2）内购材料须待试车检验的，已订立合同部分，依合同规定办理付款；未订合同部分，依采购部门呈准的付款条件贴现付款。

（3）短交应补足者，请购部门应依照实收数量，进行整理付款。

（4）超交应经主管核实才能依照实收数员进行整理付款，否则仅依订货数付款。

5. 国外采购作业处理（含进口事务、关务）

5.1 询价、比价、议价

（1）外购部门依"请购单（外购）"的需求日及急缓件加以整理，依据供应商资料，并参考市场行情及过去的价格记录，以电话或传真方式进行询价作业，除因特殊情况（独家制造或代理等原因）应在"请购单（外购）"注明外，原则上应向供应厂商询价、比价或经分析后议价。

（2）请购的材料规格较复杂时，外购部门应附上各厂商所报材料的重要规格并签注意见后，会请采购部门确认。

5.2 呈核及核决

（1）比价、议价完成后，外购部分应填制"请购单（外购）"，拟订"预定厂商"、"预定装船日期"等，连同厂商报价资料，送请购部门依采购核准权限核决。

（2）核决权限。

① 采购金额以总价折合在_____元（含）以下的由经理核决。

② 采购金额以总价折合超过_____元以上的由总经理核决。

（3）采购案件经核决后，如发生采购数量、金额的变更时，请购部门应依更改后的采购金额所需的核决权限重新呈核，但若更改后的核决权限低于原核准权限时仍应由原核决主管核决。

5.3 订购与合同

（1）"请购单（外购）"经核决送国外购部门后，即向厂商订购并办理各项手续。

（2）需与供应厂商签订长期合同的，外购部门应以签呈及拟妥的长期合同书，依采购核决权限呈核后办理。

5.4 进度控制及异常处理

（1）外购部门应以"请购单（外购）"及"采购控制表"控制外购作业进度。

（2）外购部门在每一作业进度延迟时，应主动开立"进度异常及反应单"，记明异常原因及处理对策，据此修订进度并通知请购部门。

（3）外购部门在外购案件"装船日期"有延误时，应主动与供应厂商联系催交，并开立"进度异常反应单"，证明异常原因及处理对策，通知请购部门，依请购部门意见处理。

5.5 进口签证前"请购单（外购）"核准后的专案申请

（1）专案进口机器设备的申请。

专案进口机器设备时，外购部应准备全部文件申请核发"进口许可证"。

(2)进口度量衡器及管理物品时,外购部门应在申请"进口许可证"之前准备"报价单"及其他有关资料送进口单位,向政府机关申请核准进口。

5.6 进口签证

外购材料订购后,外购部门应即检查"请购单(外购)"及有关申请文件,以"申请外汇处理单"(需在一星期内办妥结汇时,加填"紧急外购案件联络单")送进口单位办理签证。进口单位应依预定日期向国贸局办理签证,并在"进口许可证"核准时通知外购部门。

5.7 进口保险

(1) FOB、FAS、C&F条件的进口案件,进口单位应依"请购单(外购)"在外购部门指示的保险范围办理进口保险。

(2)进口单位应将承保公司指定的公证行在"请购单(外购)"上标示,以便货品进口必须公证时,进口单位凭此联络该公证行办理公证。

5.8 进口船务

(1) FOB、FAS的进口案件,进口单位(船务经办人员)在接获"请购单(外购)"时,应视其"装运口岸"及"装船期限",并参照航运资料,原则上选定三家以上船运公司,以便进口货品可机动选择船只装运。

(2)进口单位(船务经办人员)应将所选定的船运公司或承揽商品名称提供给进口结汇经办人员,在"信用证开出申请书"列明,作为信用证条款,向发货人指示装船。

(3)如因输出口岸偏僻或因使用部门的急需,为避免到货延误,外购部门应在"请购单(外购)"上注明,避免在信用证上指定船运公司,而应委托发货人代为安排装船为妥。

5.9 进口结汇

进口单位应依"请购单(外购)"标示的"颁发信用证日期"办理结汇,并在信用证(L/C)开出后以"开发L/C,快报关"通知外购部联络供应厂商。

5.10 税务

(1)免货物税及"工业用证明"的申请:进口的货品可申请免货物税者,外购部门应在"进口许可证"核准后,检查必需文件,向有关部门申请,经取得核准后向海关申请免货物税。

(2)专案进口税则预估及分期缴税的申请办理:外购部门应在进口前检查有关文件,凭此向海关申请税款预估,等核准后并办理分期缴税及保证手续。

5.11 进口许可证、信用证的修改

供应商要求修改"进口许可证"或"信用证"时,外购部门应开立"信用证、进口许可证修改申请书",经呈核后,检查修改申请文件送进口事务科办理。

5.12 装船通知及提货文件的提供

（1）外购部门接到供应商通知有关船名及装船日期时，应立即填制"装船通知单"，分别通知请购部门、物料管理部门及有关部门。

（2）外购部门收到供应商的装船及提货文件时，应检查"进口许可证"及有关文件，以"装运文件处理单"先送进口单位办理提货背书。

（3）提货背书办妥后，外购部门应检查"进口许可证"及提货等有关文件，以"装运文件处理单"办理报关提货。

（4）管理进口物品放行证的申请：进口管理物品时，外购部门应在收到装运文件后，检查必需文件送政府主管机关申请"进口放行证"或"进口护照"，以便据此报关提货。

5.13 进口报关

（1）关务部门收到"收购单（外购）"及报关文件时，应视买卖、保险及税率等条件填制"进口报关处理单"，连同报关文件委托报关行办理报关手续，同时开立"外购到货通知单"（含外购收料单）送材料库办理收料。

（2）不结汇进口物品，进口单位应在接获到货通知时，查明品名、数量等资料，并会同外购部门确认需要提货者再行办理报关提货。若是无价进口的材料、补运赔偿及退货换料等，报关时关务部门应开立"外购到货通知单"（含"外购收料单"）通知收货部门办理收料，而属其他材料及物品则由收件部门在联络单签收后，送外购部门处理。

（3）关税缴纳前，进口单位应确实核对税则、税率后申请暂借款缴纳。

（4）海关估税的税率若与进口单位估列的不相符时，进口单位应立即通知外购部门提供有关资料，在海关核税后14天内以书面形式向海关提出异议，申请复查，并申请暂借款办理押款提货。押款提货的案件，进口单位应在"进口报关追踪表"记录，以便督促销案。

（5）税款记账的进口案件，进口单位应依"请购单（外购）"在报关时检查必需文件办理记账，并将记账情况记入"税款记账额度记录表"及"税款记账额度控制表"。

（6）船边提货的进口材料，进口单位应在货物抵港之前办妥缴税或记账手续，以便船只抵港时即时办理提货。

5.14 报关进度控制

关务部门应分报关、验关、估税、缴税、放行五阶段，以"进口报关追踪表"控制通关进度。

5.15 公证

（1）各公司事业部应依材料进口索赔记录及材料特性等因素，研判材料项目（如外购散装材料），通知进口单位材料进港时，会同公证行前往公证。

(2)外购材料时验关或到厂后发现短损而合乎索赔条件的，进口单位应在接获报关行或材料库通知时，联络公证行办理公证。

(3)进口货品办理公证，进口单位应在公证后配合索赔经办时效，索取公证报告分送有关部门。

5.16 退汇

(1)外购部门依进口材料的装运情况，判断信用证剩余金额已无装船的可能性，应在提供报关文件时提示进口单位，并在进口材料放行及"输入许可证"收回后，开立"信用证退汇通知单"，连同"进口许可证"送进口事务处办理退汇。

(2)退汇金额较大，但信用证未逾有效期限者，外购部门应向供应厂商索回信用证正本，送进口单位办理退汇。

5.17 索赔

(1)外购部门接到收货异常报告（"材料检验报告表"或"公证报告"等）时，应立即填制"索赔记录单"，连同索赔资料交索赔经办部门办理。

(2)以船运公司或保险公司为索赔对象者，由进口单位办理索赔；以供应厂商为索赔对象时，由外购部门办理索赔。

(3)索赔案件办妥后，"索赔记录单"应依原采购核决权限呈核后归档。

5.18 退货或退换

(1)外购材料须退货或退换时，外购部门应适时通知进口单位依政府规定期限向海关申请。

(2)复运出、进口的有关事务，外购部门应负责办理，其进出口签证、船务、保险报关等事务则委托出口单位及进口单位配合办理。

(3)退换的材料进口时依本细则有关规则办理。

6. 价格复核与市场行情资料提供

(1)采购部门应调查主要材料的市场与行情，并建立厂商资料，作为采购及价格审核的参考。

(2)采购部门应就企业内务、事业部所需求的重要材料的项目，提供市场行情资料，作为材料存量管理及核决价格的参考。

7. 质量复核

采购单位应就企业内所使用的材料质量予以复核（如材料选用、质量检验等）。

8. 异常处理

审查作业中，若发现异常情况，采购单位审查部门应即填制"采购事务意见反应处理表"（或附报告资料），通知有关部门处理。

四、 采购作业流程规范

采购作业流程规范

1. 目的

为规范采购作业流程，特制订本规范。

2. 适用范围

适用于本公司各项物品的采购。

3. 作业流程与要点

3.1 采购作业流程

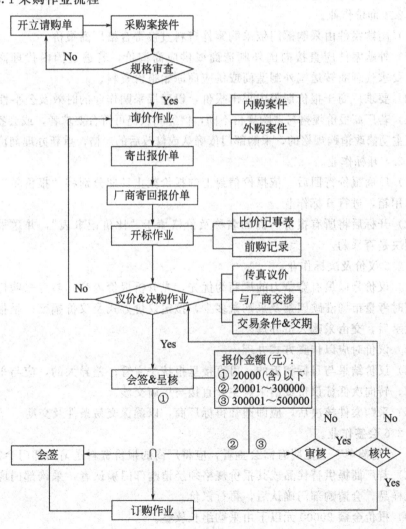

3.2 作业要点

3.2.1 采购案接件。

(1) 核对请购单上所填的资料是否齐全。

(2) 请购规格描述是否明确。

3.2.2 规格审查。

(1) 依报价厂商寄回的资料,符合规定的报价单,按报价总金额输入计算机建档。

(2) 报价不全的厂商,传真厂商要求补齐。

(3) 到截止日,由计算机依报价金额高低顺序列印"厂商报价次序表",经审核合格的厂商,施行议价作业。

3.2.3 询价作业。

(1) 内购案件由采购部门依采购案件资料直接寄合格厂商报价。

(2) 外购案件应直接向国外制造商或供应商询价,若透过国内代理商报价者,应要求代理商转送国外制造商或供应商原始报价资料。

(3) 要求厂商于报价期限内提出报价,以确保采购作业的时效及公平性。

(4) 若厂商报价规格与请购规格不同,但经确认仍可符合要求者,或会签时请购部门主动修改请购规格的,采购部门依确认或修改后的规格,重新办理询价。

3.2.4 开标作业。

(1) 厂商报价寄回后,依报价信封上的报价截止日期分别将"报价单"投入开标专用箱,进行开标作业。

(2) 开标后将所有报价厂商的名称及价格填于"比价记事表",并送采购部门研判决是否采购。

3.2.5 议价及决标作业。

(1) 议价是以最有竞争力的厂商为优先,先分析报价内容,参考采购记录基准,同时考量市场涨跌因素及采购量多少,拟定议价方式及议价幅度,呈报核决主管批示后,交由采购人员办理。

(2) 议价时应以传真方式办理。

(3) 议价结果与目标相近的,可直接呈报核决主管;差异大的,应与采购主管研商,转向次低标议价或由采购主管直接与厂商交涉。

(4) 采购案件核决后,应即通知得标厂商,以确保交易条件及交期。

3.2.6 会签作业。

(1) "请购单"上注明有需会签者,应将厂商的报价资料送请购部门会签。

(2) 若厂商提供替代品或其报价规格须经请购部门确认者,采购部门应检附资料或样品,会请购部门确认后,再行议价。

(3) 报价金额 20000 元以下由采购组长核签。

（4）报价金额20001～300000元须送请购部门的最高主管会签。

（5）报价金额300001～500000元由采购部最高主管核签后，须送请购部门的最高主管会签。

（6）报价金额20001元以上的采购案件均需送由资材组审核。

3.2.7 订购作业。

（1）采购人员询议价后，应详填询议价资料，并拟定订购厂商，依采购核决权限办理呈核。

（2）经呈准订购的案件，开列"订购通知单"，寄发厂商订购。

（3）需预付定金及保固的案件，应订立"买卖合约书"，并取得厂商等值的担保品。

（4）订购后采购部门应将"请（采）购单"连同决购厂商的资料寄送收料部门办理收料及验收作业。

第五章 采购计划管理制度

一、大宗原材料采购计划管理办法

大宗原材料采购计划管理办法

1. 目的

为规范公司原材料采购计划的编制、申报、审批，提高原材料采购计划的准确率。以便有效地实施招投标和计算机管理，确保设备的正常运行和各类工程项目的顺利运行，规范领用程序，减少资金占用，特制订本办法。

2. 适用范围

本办法适用于公司各分厂的原料、辅料采购计划的管理。

3. 管理职责

3.1 使用部门

3.1.1 原料、辅料各专业的专业工程师是计划工作的管理者，公司各分厂的主管部门负责审核。

3.1.2 参与本单位库存量的控制。

3.1.3 参与采购资金价格管理。

3.2 采购部门

3.2.1 负责确定各类计划的仓储方式（库存、代储代销、零库存）。

3.2.2 执行各类采购计划，负责计划价的控制。

4. 计划管理

4.1 计划分类

4.1.1 类别分为以下 5 种。

(1)原料:指公司各分厂所使用的铁水、铁合金、萤石、废钢、切头、冷条、钢渣等。

(2)耐火材料:指公司使用的镁碳砖、钢包砖、中包涂料、水口、塞棒、连铸保护渣等。

(3)辅助材料:包括钢材类、有色材、建材类、木材类、电线电缆类、二类机电、电器元件、交电、工具、小五金、水暖配件、标准件、阀门、输送带、橡胶管、三角带、化工、油漆、化学、玻璃器皿、密封材料、杂料、金属软管、劳保用品等。

(4)能源材料:指公司各分厂所使用的水、氧气、氩气、氮气、电、汽油、柴油。

(5)生产准备金:指公司各分厂满足生产正常运转所需预留的资金。

4.1.2 年计划情况如下。

4.1.2.1 年计划范围:

(1)每年都消耗且批量大的、短期不变的原材料。

(2)通用、标准的原材料。

4.1.2.2 年计划申报时间:每年 8 月 20 日~9 月 25 日。

4.1.2.3 年计划执行情况:

(1)原则上年计划均进行招投标。

(2)年计划中要求分期、分批到的要写清楚。

4.1.2.4 年计划的审批、编制、审核必须由作业区专业技术员、生产分厂主任工程师、主管厂长、生产技术部、公司领导签字,并加盖公章。

4.1.3 月计划情况如下。

4.1.3.1 采购周期:严格按公司制订的采购周期表中时间申报月计划。

4.1.3.2 审批:严格按公司统一表格中设置的栏目,签字、审核。

4.1.4 临时计划情况如下。

凡在年计划、月计划中未申报的计划均为临时计划,临时计划的采购周期为一年。

4.2 紧急计划管理

4.2.1 由于特殊原因如:生产计划变更、突发性事故等。造成原材料采购计划变更或需要紧急采购物资,如时间紧张,可先电话通知公司供应部,由生产分厂先到供应部门领用,但在两天内必须按计划申报程序补报原材料采购计划,报公司供应部计划管理人员。

4.2.2 需到厂家紧急采购的物资,如时间紧张,生产分厂可根据以前物资使用的情况,电话通知公司供应部计划管理人员物资需求的名称、规格型号、数量、技术要求、推荐的厂家等,由供应部组织协调紧急采购,但在电话通知两天内必须补报申请计划报供应部。

4.2.3 公司供应部根据采购物资的数量及价格,编制紧急物资采购资金需求计划,报公司主管领导审批。

4.3 计划申报要求

4.3.1 计划的填报必须按公司统一的表格申报,要求写清:物资名称、规格型号、技术要求、单位、申请数量、交货日期等,以上各项必须填写齐全。

4.3.2 所报计划、原材料耗材与备品备件计划严格分离。

4.3.3 通用辅助材料应提前 20 天申报;耐火材料应至少提前 45 天申报;特殊要求的、非标准需专门定购的材料、耐需提前 3 个月申报;特殊用途的合金、专用润滑油、脂类应提前 30 天申报。

4.3.4 在申报计划中,由于规格型号不清楚或规格型号错误等造成的损失及失误一律由申报单位负责。

4.4 计划编制

4.4.1 需求申请计划采用统一申报、逐级审查,各使用单位根据生产计划和消耗指标,编制需求申请计划,由本单位主管领导审批,并加盖公章后,报供应部签收。

4.4.2 临时生产。抢修的紧急计划可申报临时计划,申报临时计划上应注明"紧急件"字样,报公司供应部计划管理人员签收。

4.4.3 负责公司年度采购计划的编制。

4.4.4 负责公司月度采购计划的编制。

4.5 计划申报程序

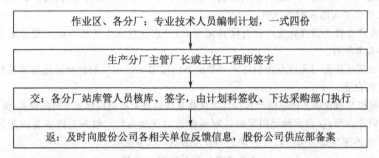

4.6 采购计划的执行

4.6.1 年度采购计划由公司供应部依据《供应部采购管理办法》逐项落实。

4.6.2 月度采购计划由公司供应部依据《供应部采购管理办法》监督各采购供应部门按所下发的采购计划中规定的数量、规格型号、技术要求组织供应。

4.6.3 紧急采购计划由供应部按生产分厂提出的要求,协调组织采购,满足生产需要。

4.7 采购计划的变更、修改

4.7.1 已申报的计划需变更,要提出变更计划、格式、内容与需求申请计划一致,计划上要注明"变更"字样。

4.7.2 采购部门按用料单位变更计划后,应立即采取措施,材料未采购或分承包方同意变更,给予变更;若已采购或合同已签分承包方不同意变更则不能变更,后果由材料计划申报单位自负。

二、备品配件采购计划管理办法

备品配件采购计划管理办法

1. 目的

规范公司备品配件采购计划的编制、申报、审批,提高备品配件采购计划的准确率,以便有效地实施招投标和计算机管理,确保设备的正常运行和各类工程项目的顺利进行,规范领用程序,减少资金占用,特制订本办法。

2. 适用范围

适用于公司各分厂的备品配件零星急件、工程项目设备配件和零星固定资产采购计划的管理。

3. 术语/定义

3.1 零星急件是指通过焊、车、铣、刨、磨、钻等工艺加工修复,以达到所需的配件特性后再次使用的修复件和检修过程中需加工修理的维修件;以及由于突发事故的发生,导致生产急需且采购周期≤3天的抢修事故急件。

3.2 零星固定资产购置计划(简称零固计划)是指在年度固定资产投资计划中未立项,而生产确实需购置的单台或单套能够独立构成固定资产的资产体采购计划。

3.3 工程项目采购计划是指在固定资产投资计划中已经立项的基建、改扩建、技措、安措等工程项目需要实施采购的计划。

3.4 生产备件是指在线生产设备维修使用的,一次性进入生产成本而不能形成固定资产的标准件和非标件。

3.5 积压仅指公司库房存货积压——采购部门按需求计划采购到货并超过单位领用日三个月以上的存货。

3.6 报废是指设备主体结构严重损坏无法修复或经济上不值得修复改装的设备、备品配件。

3.7 资金占用:仅指采购部门采购计划所涉及的资金占用。财务上的资金占用是指企业的资金已经体现在预付账款及存货量上的价值表现。计算公式:

$$资金占用 = 预付账款 + 存货$$

管理上的资金占用是指企业的资金已经体现或将要体现在预付账款及存货量上的价值表现。计算公式:

$$管理资金占用 = 预付账款 + 存货 + 正在执行的供货合同额$$

4. 管理职责

4.1 使用部门

4.1.1 机械、电气、液压、工艺各专业的专业工程师是计划工作的管理者,公司各分厂的主管部门负责审核。

4.1.2 《备品配件储备定额》由专业工程师负责编制和不断优化。

4.1.3 由于使用单位责任导致设备配件积压、报废,积压、报废的设备配件费用一次性进入使用单位成本。

4.1.4 参与本单位库存量的控制。

4.1.5 参与采购资金价格管理。

4.1.6 负责零星急件计划的编制、质量验证。

4.1.7 参与采购设备配件的质量检验。

4.2 公司供应部

4.2.1 负责对零固计划的初审并报公司生产技术部审批。

4.2.2 根据库存及《备品配件储备定额》审批各类采购计划并报采购部门执行。

4.2.3 负责需机加工或修理的零星急件的归口管理。

4.2.4 与公司财务部一同制订额定库存并对实际库存量进行控制。

4.2.5 负责零星急件加工的工作量核实以及零星急件计划的全过程控制。

4.3 公司生产技术部管理

4.3.1 负责对工程项目设备备件采购计划及执行过程的监督。

4.3.2 负责对公司零固计划的审批，负责执行公司下发的年度零固采购计划额的控制及落实。

4.3.3 负责各分厂备品配件消耗量的制订。负责制订年度零固采购计划额定值。

4.4 采购部门

4.4.1 负责《备品配件储备定额》的优化。

4.4.2 负责确定各类计划的仓储方式（库存、代储代销、零库存）。

4.4.3 执行各类采购计划，负责计划价的控制。

4.5 内部机加工单位

4.5.1 负责零星急件计划的实施。

4.5.2 负责年计划中定点生产的产品计划的编制、申报。

5. 《备品配件储备定额》的管理

5.1 《备品配件储备定额》的编制

5.1.1 先确定本单位易损备品配件的目录。

5.1.2 设备编码按集团有限责任公司企业标准信息资源分类与代码物资代码有关规定填写。

5.1.3 备品配件所属设备的名称与固定资产编码一一对应。

5.1.4 备品配件编码按集团《企业标准信息资源分类与代码物资代码有关规定》填写。

5.1.5 备品配件名称是标准件按标准名称填写，非标件按图纸名称填写。

5.1.6 规格型号是标准件填写规格型号，是非标件填写图号，如无图号按图纸规范编制图号后填写。

5.1.7 数量按备品配件装在主机上的实际数量填写，数量的单位是台套，填台套是单件填单件，单重指相应备品配件的重量。

5.1.8 储备定额根据设备配件的消耗，确定储备定额的最高最低限。

5.2 《备品配件储备定额》的修订

5.2.1 由于设备通过大中修或技措、技改、安措等，改进了设备配件原有的性能，使设备配件的各项参数进行优化，超出原有设备配件的性能，《备品配件储备定额》需修订，由使用部门的专业工程师提出书面申请并说明原因，主管领导审批，上报采购部门审批调整。

5.2.2 建立健全公司《备品配件储备定额》管理网络，上至公司，下至作业区，都要确定《备品配件储备定额》主管人员，专业工程师即为《备品配件储备定额》的管理人员，由于工作岗位调整造成人员变动，要以书面形式上报采购部门，以便及时调整。

5.2.3 各单位应对《备品配件储备定额》每年优化调整一次，以便更加符合实际。

6. 计划管理

6.1 生产备件采购计划管理

6.1.1 生产备件采购计划的编制原则

（1）备品配件的填写按"备品配件计划表"填写，一式六份报公司库房（分标准件、非标件）。

（2）根据设备的运行状况，《备品配件年度消耗定额》及设备备件的采购周期，确定本年度确实可行的申购计划。《备品配件年度消耗定额》执行公司下发的成本计划。年（月）计划采购量（已签订的合同量）≤年（月）额定消耗量－库存量（是指降低的库存量），同时考虑各项计划采购的程序（比价、议标、招标）要求。月计划采购量为上月 20 日至本月 20 日上报的计划量而签订的合同量。

（3）各单位在编制备品配件计划时，应参照备品配件采购周期附表，避免因此造成备品配件计划无法按时兑现，给正常的生产造成影响。

（4）计划编制要充分满足生产、检修的原则下，确保资金占用不超，不产生新的积压；同时，要结合各单位的长远发展规划，避免由于技术改造或设计变更带来的积压和损失。公司的库存采用限额库存，并在上年底实际库存的基础上逐渐降低当年库存，在本年底达到当年利库指标。

（5）上报的采购计划按照备品配件计划的种类分别填写（生产配件采购计划、工程项目计划、零星固定资产采购计划）。以年计划、月计划、临时计划的形式报采购部门计划系统，使用单位可结合本单位实际情况并兼顾采购因素自主决定计划形式。

（6）各单位的需求计划，必须经专业工程师认可，主管领导审批，否则视为无效计划。

（7）采购部门计划员接到需求计划后，通过计算机对各种计划进行核库，如是手工计划，计划员核库后录入此需求计划。

（8）采购部门计划员对各单位上报的需求计划必须严格审核（如图纸尺寸、图纸的技术要求、备品配件的规格、型号），无图号、型号、规格不清的需求计划返回原单位，计划日期以下次上报的日期为准。

（9）使用单位报出的采购计划由于情况变化需要更改，首先电话通知公司计划管理人员，并在 24 小时内送达计划更改通知单，公司计划管理人员落实需更改计划的执行情况。若合同未签订，则注销计划；若合同已签订，形成采购，则损失由计划申报单位承担，并通知计划审报单位。

6.1.2 生产备件采购计划的分类

（1）设备配件采购计划分为年计划、月计划、临时计划三种。

（2）年计划范围：每年都消耗且批量大，短期不变的非标件及标准件。制作周期很长，制造工艺复杂且单价高的配件，并在半年内需领用的大型件。

（3）所有的年计划采购的备品配件均采用代储代销和零库存的仓储方式。

（4）年计划的申报时间为每年的 10 月 25 日～11 月 5 日报次年计划。

（5）年计划应进行招标，年计划的执行状况必须要写清楚分期分批供货的时间、数量、地点。

（6）月计划是根据产品市场变化导致工艺技术发生改变或因其他原因而产生的设备配件计划。月计划的上报时间为每月 25～30 日。

（7）临时计划是使用单位在设备发生事故或计划不周所造成的不在采购周期内的急件。

6.1.3 采购计划的要求

（1）各单位和部门要严格按上述程序进行设备配件计划传递。传递过程要求各单位的备品配件计划员来完成，不得由其他人员来传递，否则，视为无效。

（2）各部门单位参与计划采购人员对采购计划应根据相关规定严格保密。

6.1.4 采购计划的审批

(1) 使用单位的主管领导对本单位专业工程师申报的生产设备配件采购计划进行审核确认后，报公司库房。

(2) 公司计划管理工程师对计划人员审核后的采购计划进行平衡，确定采购计划数量，并报主管领导审批。零星固定资产及价值 5 万元以上的备品配件报生产技术部审批。

(3) 部门领导审核后的采购计划，必须在当天下发到采购系统。

(4) 采购部门计划专业工程师确定非标配件是内部机加工，还是外购。

(5) 采购部门计划专业工程师根据分承包方信息及库存信息，确定采购的计划的库存形式，即正常库存、代储代销、零库存（根据代储代销供货商信息、零库存供货商信息）。

6.1.5 采购计划的价格管理

(1) 采购部门计划系统根据设备配件的市场价格，每半年对计划价进行调整，形成最合理的计划价，并报主管领导审批。

(2) 采购部门计划系统需新增计划价时，必须根据采购系统提出的最合理的设备配件价格进行确认，并报主管领导审批，方可执行。

(3) 最高限价的确定，计划系统根据分供方提供的信息及历年的采购价格确定最高限价报主管领导审批。

(4) 使用单位在申报设备配件计划时，应对该设备配件的价格进行初审后，订出该设备配件的初步价格，并随采购计划一同报采购部门。

6.1.6 采购计划的跟踪管理

(1) 采购部门分管计划人员必须对自己所管辖的采购计划进行跟踪，根据采购部门、仓储部门反馈的信息，确定所下采购计划的执行情况（是否定出、是否在途、是否入库）。

(2) 每月 1 日前打印该月必须到货的设备配件清单，交采购系统，并转报公司各分厂。

(3) 每月 5 日前打印所有未到货设备配件清单通报采购人员，10 日前逐项落实未到货设备配件新的采购周期，确定准确的到货时间，并反馈给需求单位。

(4) 采购部门计划人员根据采购计划的交货时间以及设备配件的到货数量通报各需求单位，配合库房做好设备配件的利库工作。

(5) 入库当日采购部门计划管理人员通知使用单位及时领用，使用部门必须在 3 个月内领用到货。

(6) 如形成新的库存积压、报废，由采购部门和股份供应部计划人员向公司各分厂下领用通知单，同时上报公司领导并协同财务部门将费用一次性进入生产单位成本。

(7) 在完成利库指标和生产成本的情况下，各生产厂可根据自身实际情况在库存定额不超的前提下调整库存物资结构。

6.2 零固计划的管理

6.2.1 零固计划的编制原则

(1) 根据生产设备的运行状况和《零星固定资产年度消耗定额》及采购计划的采购周期，确定零固计划。《零星固定资产年度消耗定额》按生产技术部年计划指标执行。

(2) 使用单位上报的零固计划，按"零购固定资产计划表"填写，一式六份，公司供应部计划管理工程师报生产技术部审批后报采购部门。

(3) 采购部门计划系统专业工程师对计划员落实的零固计划进行分析，并查询闲置固定资产明细，对闲置可调配使用的固定资产在固定资产管理人员的协调配合下，进行调剂使用。

(4) 其他条款参照生产备件采购计划管理按相关条款执行。

6.2.2 零固计划的审批原则

(1) 使用单位的主管领导对本单位专业工程师申报的零固计划进行审批确认后，报采购部门。

(2) 公司生产技术部专业工程师对该系统计划人员审核后的零固计划进行平衡，确定零固计划的采购数量。

(3) 原则上零固计划的库存形式全部为代储代销及零库存。

(4) 公司生产技术部审核后的零固计划，由公司主管领导审批。

(5) 生产技术部审批后的计划，由供应部转采购部门项目系统，项目系统接到该计划后必须在当天下发到采购系统（并附固定资产卡片）。

6.2.3 零固计划的价格管理、跟踪管理参照生产备件采购计划管理执行。

6.3 工程项目设备采购计划的管理

6.3.1 工程项目设备采购计划的编制原则

(1) 大中修项目中的设备采购计划，执行生产备件采购计划管理。

(2) 技措、安措、环保、更新改造项目中采购计划，由建设单位填写"工程项目设备计划表"后，参照生产备件采购计划管理相关条款执行。

(3) 基建、技改项目的设备采购计划由采购部门和项目所在单位共同填写"工程项目设备计划表"后，参照生产备件采购计划管理相关条款执行。

(4) 零批计划按照项目性质划分执行，是大中修参照大中修执行，是技措、安措、环保、更新改造的参照技措、安措、环保、更新改造执行。

6.3.2 工程项目采购计划的审批原则

(1) 使用单位在上报大中修、零批、技改、技措、安措等工程项目设备计划时，应由使用单位该项目负责人签字认可后报主管领导审批，使用单位主管领导审批后的计划方可报采购部门。

(2) 采购部门项目系统专业工程师对该系统计划人员初审的各种工程项目设备计划进行审核，并报采购部门项目主管审批。

(3) 采购部门项目主管对项目专工审核后的工程项目设备计划进行审批，并报主管领导审批。

(4) 采购部门主管领导审批后的计划报主管部门审批后方可执行。

(5) 工程项目采购计划的价格管理、跟踪管理参照生产备件采购计划管理执行。

(6) 公司生产技术部对公司工程项目设备配件采购计划执行过程进行监督。

6.4 零星急件计划参照《内部机加工管理办法》执行。

7. 合理库存的控制

7.1 根据公司生产技术部下发的吨产品备品配件消耗定额，月计划采购额度应小于月定额消耗量和当月出库量，以免造成库存增加。

7.2 由于计划失误或更新改造造成库存物资的闲置报废，应按照《闲置、报废资产处置管理制度》在次年年初进行处置，并对资产处置差价及时进入呈报单位的损益，以免给公司造成累积潜亏。

第六章 采购订单跟踪管理制度

一、请购单管理制度

请购单管理制度

1. 目的

为规范请购单受理工作,明确请购单执行流程,特制订本制度。

2. 适用范围

所有需采购部经办的物资采购申请单(请购单)。

3. 内容

请购单包括以下基本内容:请购单号(ERP系统自动生成的以ERP单号为准)、所属公司名称、请购类别、请购人、物料编码及名称、规格型号、数量、单位、库存数量、批准数量、预估单价及金额、需求时间、品质和质量要求;请购原因(用途)、请购日期、审核人、批准人。

4. 请购单类别

4.1 按物料分:固定资产请购单、原辅料请购单、办公用品请购单。

4.1.1 固定资产请购单:指所有固定资产(含IT类固定资产及软件、行政办公类固定资产、设备类固定资产)的请购。

4.1.2 原辅料请购单:指原纸、油墨、化工原料、添加剂、设备用配件、备品备件、版辊、钢板、包装物、基材、劳保、低值易耗品、油品等等常用生产物资的请购。

4.1.3 办公用品请购单:指行政部管理的办公用品的请购,列入月度请购计划。

4.2 按需求时间分:月度请购单、周请购单、紧急请购单。

4.2.1 月度请购单:是指根据公司上月实际库存情况、物料需求情况及本月预计需求制订的当月请购计划。各需求部门或使用部门于每月25日前提交月度请购单。

4.2.2 周请购单:是指根据实际生产需求,填补"月度请购计划"的不足或漏报制订的下一周的请购计划,各需求部门或使用部门于每周五提交周请购单。

4.3 紧急请购单(急件):当出现以下情况之一时,相关部门(工厂)人员须提交急件请购单。

4.3.1 生产、经营临时需求或即将停工待料。

4.3.2 不可预期设备损坏或事故紧急抢险。

4.3.3 影响公司正常生产、经营的其他相关情况。

采购部优先执行紧急请购,全力保证生产、经营的正常运行。为不影响月度及周请购计划的采购进度,各分公司须提高采购物资计划性,紧急请购和超计划请购数量应控制在当月总请购量的10%以内。劳保、办公用品、工具、后勤用品、包装物、化工、添加剂等不能发生急件请购。

5. 请购单审批

5.1 固定资产请购单审批流程及说明

5.1.1 固定资产请购单审批流程示意图:

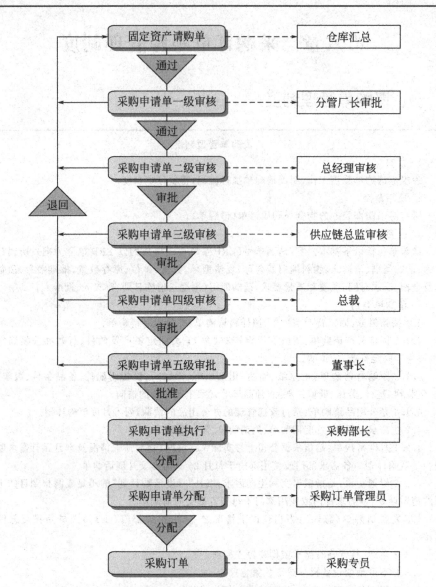

5.1.2 固定资产请购单审批流程说明：

序号	处理说明	责任部门	责任人
1	提交：此处由制单人填写固定资产请购审批单	各部门	公司所有员工
2	一级审批：如果申请人为一般员工，则此处由申请人所在部门的部门负责人审核；如果申请人非一般员工，则此处由该申请人直接上级审核	各部门	申请人所在部门的部门负责人或直接上级

续表

序号	处理说明	责任部门	责任人
3	分管领导审批:此处由该申请人的间接领导即相应分管领导审核,如果申请人非一般员工,则此处跳过	各部门	申请人间接领导
4	职能部门审批:如果请购类别为"IT类固定资产或软件",则此处由信息部硬件经理审批;如果请购类别为"行政办公固定资产",则此处由行政部负责人审批;如果请购类别为"设备",则此步跳过	职能部门	信息部硬件经理或行政部负责人
5	职能部门分管领导审批:如果请购类别为"IT类固定资产或软件",则此处由信息部分管领导审批;如果请购类别为"行政办公固定资产",则此处由行政部分管领导审批;如果请购类别为"设备",则此步跳过	职能部门	职能部门分管领导
6	供应链总监审批:采购部询价,并备注	采购部	采购部总监
7	总裁审批:此处由总裁审核返回采购部执行,权限范围以上同意则上报董事长,详细权限金额见审批权限表	总裁办	总裁
8	董事长审批:此处由董事长审核		董事长
9	审批通过的请购单由采购部部长接收后,进行任务分配	采购部	采购部长

5.2 原辅材料请购申请审批流程及说明

5.2.1 原辅材料请购单流程示意图:

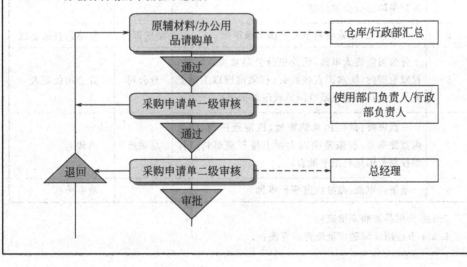

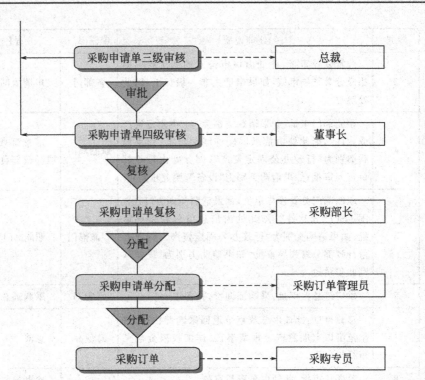

5.2.2 原辅材料请购单流程说明:

序号	处理说明	责任部门	责任人
1	提交:制单人填写原辅材料请购审批单;并对请购物品进行估价(ERP系统自动生成);新物料可咨询采购部长提供价格	请购部门	制单人
2	一级审批:此处由制单人直接上级审批	请购部门	制单人直接上级
3	分公司负责人审批:此处由分公司负责人审批,权限范围内,同意则直接购买;权限范围以上则上报至总裁;(详细权限范围见权限审批表)	分公司	分公司负责人
4	总裁审批:此处由总裁审批,权限范围内,同意则直接购买;权限范围以上则上报至董事长;(详细权限范围见权限审批表)	总裁办	总裁
5	董事长审批:此处由董事长审批		董事长

5.3 办公用品请购审批流程

5.3.1 办公用品请购审批流程示意图:

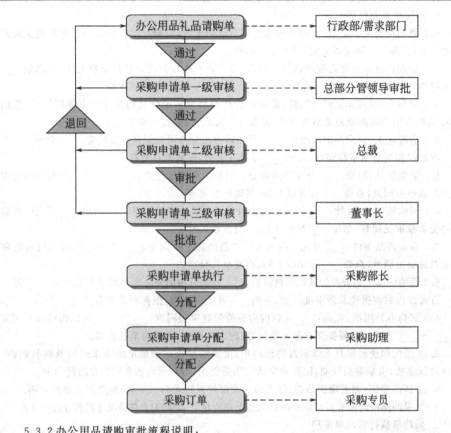

5.3.2 办公用品请购审批流程说明：

序号	处理说明	责任部门	责任人
1	提交:此处由行政部填写办公用品请购单;若为礼品,则由需求部门提出	行政部/需求部门	行政部/需求部门
2	一级审批:此处由行政部负责人或总部分管领导审批	行政部/需求部门	行政部负责人/总部分管领导
3	分管领导审批:此处由行政部或总部分管领导审批,申请合计金额小于____元,同意则直接购买;大于等于____元则上报至总裁	行政系统/需求部门	行政系统分管领导
4	总裁审批:此处由总裁审批,申请合计金额小于____元,同意则直接购买;大于等于____元则上报至董事长	总裁办	总裁
5	董事长审批:此处由董事长审核(申请合计金额大于等于____元)		董事长

6. 请购单审批细则

6.1 请购设备类固定资产,分公司总经理审批同意后,总额____万元以内的均需提交总裁审批同意,总额____万元以上的,报董事长批准。

6.2 请购行政办公固定资产,需总部行政部负责人或分公司总经理审批同意后,总额____万元以内的均需提交总裁审批同意,总额____万元以上的,报董事长批准。

6.3 请购IT类固定资产及软件,需总部行政部负责人或分公司总经理审批同意后,总额5000元以内的均需提交总裁审批同意,总额____元以上的,报董事长批准。

6.4 请购化工(含添加剂)、纸品,____万元以内由分公司总经理审批同意,____万~____万元以内的需提交总裁审批同意,总额____万元以上的,报董事长批准。

6.5 请购版品、油墨,____万元以内由分公司总经理审批同意,____万~____万元以内的需提交总裁审批同意,总额____万元以上的,报董事长批准。

6.6 请购版辊、包装物,____万元以内由分公司总经理审批同意,____万~____万元以内的需提交总裁审批同意,总额____万元以上的,报董事长批准。

6.7 请购备品备件,____万元以内由分公司总经理审批同意,____万~____万元以内的需提交总裁审批同意,总额____万元以上的,报董事长批准。

6.8 请购除以上物资外的其他原辅材料,____万元以内由分公司总经理审批同意,____万~____万元以内的需提交总裁审批同意,总额____万元以上的,报董事长批准。

6.9 请购办公用品、礼品,____元以内由分管领导审批同意,____~____元以内的办公用品或____~____元的礼品需提交总裁审批同意,超出此限额,需报董事长批准。

6.10 采购部受理审批手续完善的请购单,由采购部长对请购单的需求时间及物料名称、规格进行复核,依据采购周期,回复并确认实际交货期,有合同则依合同约定时间为准。

6.11 请购撤销:如需撤销请购,需书面或发邮件通知采购部取消,避免不必要的采购。

6.12 采购部按周按月对请购单的完成情况进行统计,同时对急件情况通报各分公司负责人。

7. 采购部执行请购单流程

7.1 各采购专员按物料属性对应的物料采购周期进行采购,每周五订单管理员统计本周请购单的完成情况,通报未完成请购单,并落实完成时间。

7.2 各采购专员接单后,需询比价类物资如大宗化工原料(尿素、甲醇、甲醛、三聚氰胺、石蜡);或单价在____元以上的物品含:备品备件、包装物、低值易耗品、金属材料、非金属材料等,按《采购比价控制制度》执行。不需比价物资如原纸、油墨、版辊、添加剂、请购口指定供应商或品牌或规格型号、不参与比价的备品备件、包装物、低值易耗品、金属材料、非金属材料等,采购专员下达采购订单的时间:省内配件48小时,省外配件72小时,其他订单24小时内下单。

7.3 如因确认技术要求或质量标准,以确认时间为正式接收时间,签订合同的,以合同约定交货时间为准。

7.4 若无合同约定,由采购专员与供应商、需求部门共同确认的交货期为准。

8. 罚则

8.1 由于采购专员原因,未按时下达订单给供应商,造成物资到货期延误的,若给公司带来损失,按《公司员工奖惩条例》处理。若接到需求部门投诉至部门负责人处,则每一单投诉扣5分。

8.2 由于需求不明,超过48小时未能确定需上报采购部负责人。若未上报导致超期完成,每单扣2分。

二、采购询价、比价管理规定

采购询价、比价管理规定

1. 目的

为了加强采购成本管理,规范采购工作流程,规定公司采购的比价管理职责、管理内容与要求、检查与考核、报告和记录,特制订本规定。

2. 适用范围

适用于比价采购的管理工作。

3. 术语和定义

采购询比价:是指采购单位向国内外有关供应商(通常不少于三家),就单个货物或服务,发出询价单,让其报价,然后在报价的基础上进行比较并确定供应商,操作较为简单的一种采购过程。

4. 职责

4.1 采购需求提出部门

提出采购需求及相关物资的各项指标、参与供应商的评定。

4.2 采购需求提出部门所在的单位

主持相关的金额较小的采购比价,参与所有相关的采购比价。

4.3 企管中心的比价项目组

主持相关的金额较大的采购比价;参与并监督所有相关的采购比价。

4.4 各申请部门及相关协助部门

生产、技术、设备、工程、经营、财务等 执行采购活动、提交询价单和比价表、大宗物资的市场调查报告。

4.5 财务管理中心

结算付款、参与所有的采购比价管理活动的抽查、监督。

5. 规定要求

5.1 适用范围

适用范围

项目	集团公司主持,分公司参与	分公司主持,集团公司事后监控
原主原辅材料	___万元以上	___万~___万元
咨询、服务、技术的引进、检测	___万元以上	___万~___万元
固定资产、设备、仪器等	___万元以上	___万~___万元
易耗品的统一采购	___万元以上	___万~___万元
基建工程	___万元以上	___万~___万元

对未达到以上采购金额的分公司采购人员需填写"询价单"、"比价表",月底统一上报至企管中心的询价、比价工作组。

5.2 询价文件构成

询价文件用以阐明所需货物、工程及服务的询价以及询价程序和相应的合同条款参考范本。询价文件由下述五个部分组成：询价邀请函、供应商须知、合同格式、采购内容及要求、报价文件格式。

5.3 供应商须知

供应商应认真阅读询价文件中所有的须知、格式、条款、技术规格和其他资料。如果供应商没有按照询价文件要求提交全部资料，或者提交的资料没有对询价文件在各方面都作出实质性响应而导致其报价被拒绝，该责任由供应商承担。

5.4 询价公告发布及时间

询价公告时间及采购方式的更改询价公告时间根据询价项目及采购人的实际情况进行确定，但自询价文件发售之日起至递交报价文件截止时间止原则上不得少于3个工作日。

询价公告发布后，参加询价的供应商不足三家或参加报价且对询价文件作出实质性响应的供应商不足三家，则依据《中华人民共和国政府采购法》等有关法律、法规、规章制度的规定重新组织询价，或向采购监督管理部门申请其他采购方式实施。

5.5 报价

5.5.1 报价的语言

供应商提交的报价文件以及供应商与采购代理机构和采购人就有关询价的所有来往函电均应使用中文书写。

对于任何非中文的资料，都应提供中文翻译本，在解释报价文件时以翻译本为准。

5.5.2 报价文件的组成

报价文件应包括"报价文件格式"中的所有内容。

上述文件及表格为供应商必须提交的文件，各供应商可以根据实际情况增加内容，但不得擅自减少有关内容。

5.5.3 报价要求

报价应详细填写提供货物、工程、服务的单价和总价等；详细报价表填写时应注意下列要求：

（1）货物项目报价：包括所有设备费、备品备件费、商检费、运输费、保险费、安装调试费、人员培训费、技术支持费、软件升级费、税费以及质量保证期内的售后服务费等费用在内的采购人指定地点全包价。

（2）工程项目报价：包括设计图纸和工程量清单项目所发生的人工费、材料费、机械费、管理费、利润、项目措施费、规费、税金、配合费、预留金以及施工合同包含的所有风险、责任等各项应有费用，供应商漏报或不报，采购人将视为有关费用已包括在设计图纸和工程量清单项目的其他单价及合价中而不予支付。

（3）服务项目报价：包括完成本项目的人力成本、设备成本、利润、税金等费在内的全部费用。

供应商按上述要求填写报价只是为便于对报价文件进行比较，并不限制采购人以上述任何条件签订合同的权力。

（4）如果供应商报价不满足询价文件要求，将视为无效报价，可从其他合格供应商中选择。如"报价汇总表"无特殊规定，价格以人民币填报。

5.6 采购比价

5.6.1 采购比价管理是在满足质量要求的前提下，实现低成本采购，遵守的基本原则是：同质价低、同价质高。

5.6.2 建立台账，责任明确到人

为便于对采购价格的事后监督审计，各单位的物资采购部门需建立采购台账，每一笔采购业务都要有记录。同时每一名采购人员对自己经手的业务包括供货单位名称、商品名称、规格型号、价格、质量、付款方式、入库验收等要有详细记录。

5.6.3 采购比价决策程序

受市场、技术制约的采购事项实行领导集体决策采购。供应商的初次选点及考评由提出采购需求的部门、负责采购的单位及其他相关部门严格按照《公司供应商管理方法》评、选。

5.6.4 建立及时反映市场价格的数据库

财务部、采购部共同建立物资采购价格数据库和台账，物资采购价格、供应商等情况按时存入数据库，以便随时掌握市场价格信息变化，为高层决策和价格审核提供可靠依据。

5.6.5 采购比价监督

由集团公司企管中心比价管理项目组牵头，财务部门、审计审核部门、负责采购的相关单位负责人等参加，定期对采购的比价情况及采购价格实行抽查；在接到举报或抽查时反映出的问题及未按程序任意采购行为要严肃处理，给公司造成经济损失的责任者应承担经济损失责任或法律责任。任何人、部门不得干涉抽查、监督工作。

5.6.6 易耗品采购比价管理办法

易耗品零星采购比价管理由各单位自行决定，采购员月底将"询价、比价表汇总及分析报告"上报至集团企业管理中心。企业管理中心根据各单位提交的材料定期对采购活动抽查并形成易耗品比价采购评审报告，做到事后监控管理。

5.6.7 大宗物资采购比价管理办法

分公司采购员根据采购计划，对大宗物资进行市场调查，向采购比价管理组提交大宗物资的市场调查报告、询价单、比价表。企业管理中心应做到事前、事中、事后全程监督。

5.7 对采购人员奖惩

为充分调动广大采购人员工作积极性，公司加大奖惩考核力度。对在采购工作中作出贡献的采购员给予奖励，对在采购工作中给公司利益造成直接经济损失的采购员给予行政的经济的处罚，情节严重的交司法部门处理。

三、采购交期管理办法

采购交期管理办法

1. 目的

为了确保购用物的交货期限，使交期管理更为顺畅，特制订本办法。

2. 适用范围

本公司采购的物料的交期管理，除另有规定外，悉依本规章执行。

3. 交期管理规定

3.1 保交期的重要性

交期管理是采购的重点之一，确保交期的目的是在必要的时间内提供生产所必需的物料，以保障生产并达成合理生产成本的目标。

3.1.1 交期延迟的影响。

交期延迟造成的不良影响有以下方面。

（1）导致制造部门断料，从而影响效率。

（2）由于物料交期延迟，间接导致成品交期延迟。

（3）由于效率受影响，需要增加工作时间，导致制造费用的增加。

（4）由于物料交期延误，采取替代品导致成本增加或品质降低。

（5）交期延误，导致客户减少或取消订单，从而导致采购物料的囤积和其他损失。

（6）交期延误，导致采购、运输、检验的成本增加。

（7）断料频繁，易导致互相配合的各部门人员士气受挫。

3.1.2 交期提前太多的影响。

交期提前太多也有不良的影响，主要如下。

（1）导致库存成本的增加。

（2）导致流动资金周转率下降。

（3）允许交期提前，导致供应商优先生产高单价物料而忽略低单价物料。

（4）由于交期经常提前，导致库存囤积、空间不足。

（5）交期提前频繁，使供应商对交期的管理松懈，导致下次的延误。

3.2 交期延迟的原因

3.2.1 供应商责任。

因供应商责任导致交期延误的状况如下。

（1）接单量超过供应商的产能。

（2）供应商技术、工艺能力不足。

（3）供应商对时间估计错误。

（4）供应商生产管理不当。

（5）供应商的生产材料出现货源危机。

（6）供应商品质管理不当。

（7）供应商经营者的顾客服务理念不佳。

（8）供应商欠缺交期管理能力。

（9）不可抗力原因。

（10）其他因供应商责任所致的情形。

3.2.2 采购部责任。

因采购部责任导致交期延误的状况如下。

（1）供应商选定错误。

(2) 业务手续不完整或耽误。
(3) 价格决定不合理或勉强。
(4) 进度掌握与督促不力。
(5) 经验不足。
(6) 下单量超过供应商的产能。
(7) 更换供应商所致。
(8) 付款条件过于严苛或未能及时付款。
(9) 缺乏交期管理意识。
(10) 其他因采购原因所致的情形。

3.2.3 其他部门责任。
因采购以外部门导致交期延误的状况。
(1) 请购前置时间不足。
(2) 技术资料不齐备。
(3) 紧急订货。
(4) 生产计划变更。
(5) 设计变更或标准调整。
(6) 订货数量太少。
(7) 供应商品质辅导不足。
(8) 点收、检验等工作延误。
(9) 请购错误。
(10) 其他因本公司人员原因所致的情形。

3.2.4 沟通不良所致的原因。
因本公司与供应商双方沟通不良导致交期延误的状况如下。
(1) 未能掌握一方或双方的产能变化。
(2) 指示、联络不确实。
(3) 技术资料交接不充分。
(4) 品质标准沟通不一致。
(5) 单方面确定交期，缺少沟通。
(6) 首次合作出现偏差。
(7) 缺乏合理的沟通窗口。
(8) 未达成交期、单价、付款等问题的共识。
(9) 交期理解偏差。
(10) 其他因双方沟通不良所致的情形。

3.3 确保交期要点

3.3.1 事前规划。

（1）制订合理的购运时间　采购部将请购、采购、供应商生产、运输及进料验收等作业所需的时间予以事先规划确定，作为各部门的参照依据。

（2）确定交货日期及数量　预先明确交期及数量，大订单可采用分批交货方式进行。

（3）了解供应商生产设备利用率　可以合理分配订单，保证数量、交期、品质的一致性。

（4）请供应商提供生产进度计划及交货计划　尽早了解供应商的瓶颈与供应能力，便于采取对策。

（5）准备替代来源　采购人员应尽量多地联系其他物料的来源，以确保应急。

3.3.2 事中执行。

（1）提供必要的材料、模具、技术支援给供应商　适时了解供应商的瓶颈，协助处理。

（2）了解供应商生产效率及进度状况　必要时，向供应商施加压力，以获取更多的关照，适时考虑向替代供应商下单的必要性。

（3）交期及数量变更的及时联络与通知。以确保维护供应商的利益，配合本公司的需求。

（4）尽量避免规格变更　如果出现技术变更，应立即联系供应商停止原规格生产，并妥善处理遗留问题。

（5）加强交货前的稽催工作　提醒供应商及时交货。

（6）必要的厂商辅导　及时安排技术、品管人员对供应商进行指导，必要时可以考虑到供应商处进行验货，以降低因进料检验不合格导致断料发生的情形。

3.3.3 事后考核。

（1）对供应商进行考核评鉴　依供应商评鉴办法进行考核，将交期的考核列为重要项目之一，以督促供应商提高交期达成率。

（2）对交期延迟的原因进行分析并研拟对策　确保重复问题不再发生。

（3）检讨是否更换供应商　依供应商考核结果与配合度，考虑更换、淘汰交期不佳的供应商，或减少其订单。

（4）执行供应商的奖惩办法　必要时加重违约的惩罚力度，并对优良厂商予以适当的回馈。

4. 附件

4.1 "物料订购跟催表"。

4.2 "催料表"。

四、采购进度及交期控制程序

采购进度及交期控制程序

1. 目的

为确保采购进度,采购部应将询价、会签、议价、订购等作业纳入计算机管理,以控制采购进度。

2. 适用范围

本公司物料、零件的订购、采购管理业务。

3. 控制程序

(1) 询价截止日后7天(外购案10天),仍未输入订购日、会签日或呈核日者,即于采购部列印"采购逾期催办单",送采购组长督促采购人员速办。

(2) 送会签的案件,逾预定会签完成日请购部门仍未会签完成者,翌日即于采购部列印"会签逾期催办单",送请购部门经理室跟催处理。逾预定会签完成日3天以上仍未会签完成者,则于每月1日、16日依请购部门另汇总再次列印"会签逾期催办单"送请购部门经理室跟催处理。

(3) 会签完成日后5天(外购案10天),仍未输入订购日或呈核日者,即于采购部列印"议价逾期催办单"送采购组长督促采购人员速办。

(4) 呈核完成日后7天(外购案10天),尚未订购者,即于采购部列印"订购逾期催办单"送采购组长督促采购人员速办。

(5) 各阶段进度异常的催办单("会签逾期催办单"除外)若未能于出表后7天内处理完成时,之后每隔7天(存量控制材料为3天)即再次出表跟催,直到完成为止。

4. 不同案件的处理方式

订购资料输入后,属内购案件的,计算机即将约定交纳日纳入交期控制,外购案件计算机则将L/C开发及装船进度纳入控制。

4.1 内购案件

(1) 供应商逾约交日3天仍未交货者,即由计算机传真"催交单"通知供应商尽速交货,采购部催交人员应负跟催之责。

(2) 经催交后,供应商答复可于5天内交货者,催交人员则径自修改约交日。若供应商要求展延日期超过5天以上,则将供应商的回函洽请购部门确认延交日期是否会影响用料时效。若经确认同意展延者,即修订约交日再列入控制,如不同意展延则应采取因应措施。

(3) 若供应商提出展延,经我方同意修改交期后仍未按时交货者,由计算机列印"展延未交单"向供应商抗议,并以个案处理至结案为止。
4.2 外购案件
(1)逾预定开状日 4 天,仍未开出 L/C 者,即于采购部列印"开状逾期催办单",由进口事务人员依异常项目转送异常发生部门主管跟催。
(2)供应商逾预定装船日 3 天,仍未装运者,即由计算机传真"催装函"通知供应商尽速交运。经催装后,逾 10 天仍未按时装船者,由计算机列印"展延未装单"向供应商抗议,并以个案跟催至结案为止。因供应商逾期装船而影响用料时效者,采购部应联系请购部门,研议对策。
5. 附件
5.1 "逾期催办单"。
5.2 "催交单"。

五、进料接收管理办法

进料接收管理办法

1. 目的

为规范本公司对物料的接收及入库工作,使之有序、高效地进行,特制订本规定。

2. 适用范围

适用于本公司各项物料的接收及入库。

3. 接收管理规定

3.1 待收料

物料管理收料人员在接到采购部门转来已核准的"采购单"时,按供应商、物料别及交货日期分别依序排列存档,并于交货前安排存放的库位以利收料作业。

3.2 收料

3.2.1 内购收料。

(1)材料进厂后,收料人员必须依"采购单"的内容,并核对供应商送来的物料名称、规格、数量和送货单及发票并清点数量无误后,将到货日期及实收数量填记于"请购单",办理收料。

(2)如发现所送来的材料与"采购单"上所核准的内容不符时,应即时通知采购处理,并通知主管,原则上非"采购单"上所核准的材料不予接受,如采购部门要求收下该等材料时,收料人员应告知主管,并于单据上注明实际收料状况,并会签采购部门。

3.2.2 外购收料。

(1) 材料进厂后，物料管理收料人员即会同检验单位依"装箱单"及"采购单"开柜（箱）核对材料名称、规格并清点数量，并将到货日期及实收数量填于"采购单"。

(2) 开柜（箱）后，如发现所装载的材料与"装箱单"或"采购单"所记载的内容不同时，通知办理进口人员及采购部门处理。

(3) 发现所装载的物料有倾覆、破损、变质、受潮等异常时，经初步计算损失将超过5000元以上者（含），收料人员即时通知采购人员联络公证处前来公证或通知代理商前来处理，并尽可能维持异常状态以利公证作业，如未超过5000元者，则依实际的数量办理收料，并于"采购单"上注明损失数量及情况。

(4) 对于由公证或代理商确认后，物料管理收料人员开立"索赔处理单"呈主管核示后，送会计部门及采购部门督促办理。

3.2.3 材料待验。

进厂待验的材料，必须于物品的外包装上贴材料标签并详细注明料号、品名规格、数量及入厂日期，且与已检验者分开储存，并规划"待验区"以示区分，收料后，收料人员应将每日所收料品汇总填入"进货日报表"为入账消单的依据。

3.2.4 超交处理。

交货数量超过"订购量"部分应予退回，但属买卖惯例，以重量或长度计算的材料，其超交量在3％（含）以下，由物料管理部门在收料时，在备栏注明超交数量，经请购部门主管（含科长）同意后，始得收料，并通知采购人员。

3.2.5 短交处理。

交货数量未达订购数量时，以补足为原则，但经请购部门主管（含科长）同意，可免补交，短交如需补足时，物料管理部门应通知采购部门联络供应商处理。

3.2.6 急用品收料。

紧急材料于供应商交货时，若物料管理部门尚未收到"请购单"时，收料人员应先洽询采购部门，确认无误后，始得依收料作业办理。

3.2.7 材料接收规范。

为利于材料检验、接收的作业，品质管理部门应就材料重要性及特性等，适时召集使用部门及其他有关部门，依所需的材料品质研订"材料接收规范"，呈总经理核准后公布实施，作为采购及接收的依据。

3.2.8 材料检验结果的处理。

(1) 检验合格的材料，检验人员在外包装上贴合格标签，以示区别，仓管人员再将合格品入库定位。

(2) 不符合接收标准的材料，检验人员在物品包装上贴不合格的标签，并于"材料检验报告表"上注明不良原因，经主管核准、批示处理对策并转采购部门处理及通知请购单位,再送回物料管理部门物料管理部门凭此办理退货,如特采时则办理收料。

3.2.9 退货作业。

对于检验不合格的材料退货时,应开立"材料交运单"并检附有关的"材料检验报告表"呈主管签认后,凭以异常材料出厂。

4. 记录

4.1 "进货日报表"。

4.2 "材料检验报告表"。

4.3 "索赔处理单"。

六、收料作业指导书

收料作业指导书

1. 目的

为规范本公司对所采购物料的接收、入库工作程序,使各部门配合有度,特制订本规定。

2. 适用范围

适用于本公司各项物料的接收及入库。

3. 收料作业管理规定

收料作业管理规定如下表所示。

收料作业程序及操作标准

流程	作业标准	控制重点	相关文件
采购通知收料部门	1. 采购部门在确定采购内容及交期后应通知仓库 2. 仓库在收到经核准的订购单或请购/验收单时,应依采购类别、数量及日期等预先作仓位安排及卸料工具(如堆高机、垫板)的准备		1. 请购单 2. 订购单 3. 请购/验收单
供应商交货	1. 供应商应在交货日备妥送货资料、发票(三联式)在指定地点交货 2. 供应商交料时,应依本公司进出厂规定及卸料方式作业,且交货卡车、司机或随车人员均应按受执勤警卫监督管理		1. 出入厂管理办法 2. 送料凭证 3. 请购/验收单

续表

流程	作业标准	控制重点	相关文件
点收（核对数量）	1. 卸料完毕后，仓库人员应依请（订）购单计数并核对数量 2. 点收无误后，仓库人员应立即开立进料验收单通知质量检验人员进行检验作业		1. 进料验收单 2. 请购/验收单
物料检验作业	1. 质量部收到仓库转来的进料验收单时，应立即派人至物料暂存区依检验规范实施检验工作 2. 物料检验规范应包括： (1) 取样规定及方法； (2) 质量标准及检验方法； (3) 允收方法 3. 质量部应就检验结果评定物料是正常或异常，并就瑕疵品情形加以复检研判及说明，以作为最后收用与否的参考	1. 属一般性质的物料可由目测判定其规格、质量的，可直接由仓库或采购部门会同使用单位在收料时检验的，而不必送质量部检验的 2. 不经质量部检验的依合同进行	1. 物料检验规范 2. 瑕疵检验作业规定 3. 物料瑕疵检验报告表
入库记账	检验合格时，质量部应将检验结果通知仓库办理入库，并转记物料库存账卡进料栏内，同时在备注栏内注明进料验收单的号码		物料库存账卡
请款	检验合格时，质量部应将检验结果通知仓库，仓库应将发票及送料有关凭证等转送采购部门办理请款		请款单
索赔	1. 若检验不合格时，采购部则依判定结果办理退料、扣款或索赔的手续 2. 依"与合约不符作业"规定办理		

第七章 供应商管理制度

一、供应商日常管理制度

供应商日常管理制度

1. 目的

为了加强对供应商的管理,建立公司规范化的、独具特色的、有市场竞争力的采购体系和供应商管理模式,不断提升公司供应链的整体层次和管理水平,特制订本管理办法。

2. 适用范围

适用于公司所有的供应商管理。

3. 定义

3.1 短缺交货:实际供货数量或因为质量检验不通过同意让步接受的部分数量低于供货计划数量的情况。

3.2 超计划交货:检验合格的数量大于供货计划数量。

3.3 暂停供货:发生较大的供货和质量问题,对涉嫌的责任单位,采购可以在没有收到责任认定前,为了防止问题的扩大化,采购部自行决定停止涉嫌供应商供货改为其他供应商供应,并出示暂停供货通知。

3.4 份额调整:采购部结合供应商的综合评价和产品价格,就供应份额在每月计划中体现。如果供应商在供货管理和质量方面出现较大问题和频繁出现质量问题,采购部将降低该供应商的份额。如果供应商的供货和质量方面有较好业绩,采购部将提高供应商供货份额。

3.5 供应商等级调整:公司采购部结合供应商实力和业绩对供应商进行等级划分,拥有高等级的资格的供应商在供货检验、付款方式、供货份额上拥有较多的优势,同时也有机会成为产品免检供应商。如果供应商在供货管理和质量方面出现较大问题或频繁出现小问题,采购部将提请降低该供应商的等级从而丧失资格优势直至开除供应商资格。

3.6 采购纳入不良品率:供应商的零部件从交付到公司,公司在进货检验、加工、装配等环节发现并退回供应商的不良品件数,与交付的制订范围零部件的总件数的比率。

3.7 直接损失:指不合格品本身和由其引起的相关产品报废的损失。

3.8 附加损失:指不合格品流入需方生产过程中到被发现所造成的连带损失。即质量损失中除直接损失以外的损失。

4. 职责

4.1 采购部每月 10 日前负责向公司确认次月非单一厂家供货比例。建立供应商体系并组织加强对供应商的管理及考核,优化采购流程。

4.2 品质部负责对供应商的质量管理及质量考评、质量赔偿。

4.3 技术部负责供应商正式供货后技术工艺更改和装备、工艺监督。

4.4 生产部负责组织编制"月度生产计划表"作为调货单依据,并加强对供应商现场服务方面管理、考核。

4.5 仓储部负责对各供应商的物料包装方式、到货方式、交货方式、现场配合等进行管理、考评。
4.6 经营管理部负责对各项制度、办法进行规范,并对合理性、可行性负责审查。
5. 内容
5.1 现有供应商管理
公司将建立完备的供应商档案,要求各现有供应商根据公司的"供应商情况调查表"提供详细资料。
5.2 供应商供货管理
5.2.1 供应商供货控制管理
5.2.1.1 采购部根据生产部编制的"生产计划表"、进口件资源,编制公司月度采购计划。根据月度采购计划向供应商下发采购计划。
5.2.1.2 供应商依据采购部所发计划要求的数量、日期准量、准时将零部件配送到公司指定的地点,仓储部依据计划收货,供应商短缺交货、超计划交货、逾期交货都均纳入本公司的考核范围。
5.2.1.3 直接配送到公司仓库的经品质部检验判定为不合格的零部件,厂家立即自行清理出厂,超过 15 日不清理出厂的不合格零部件,公司有权利自行处理。
5.2.1.4 供应商应积极配合公司仓储部、采购部、物流关于到货产品的外包装形式、到货方式、运输方式、零件标识等项目的整改工作。
5.2.1.5 仓储部、采购部、所需关于产品的各种物流信息(关于产品的包装、运输等方面),供应商应及时、准确提供。
5.2.1.6 供应商所到产品包装不规范(不规范的包装指到货包装):
(1)未按整改要求更换周转箱或工装。
(2)破损、严重变形、零件裸露、收容数混乱。
(3)无零件标识、标识不清楚不规范,仓储部有权拒收此类产品。
5.2.1.7 供应商驻厂人员或技术人员,需经仓储部批准或在公司工作人员陪同下,进入仓库,并做好详细出入库登记。
5.2.2 供货管理问题的索赔
5.2.2.1 因供应商无故不能交货,逾期交货或货物不合格,造成公司停产的,供应商应按人民币____元/小时向公司赔偿,如所造成损失高于上述计算标准的,按照实际损失计算;供应商部分履行造成公司减少产量的,按该批货款数额乘以未履行部分占该批货物的比例数额赔偿本公司损失;供应商由于迟延交货造成本公司未来得及验收,由此造成的损失由供应商负责。
5.2.2.2 供应商如果预计会出现短缺交货情况,提前 5 天书面形式通知本公司,采购部根据实际情况进行调整。对因不可抗力而发生供货延迟,供应商及时通知本公司。采购部对申请调整供应商登记,每月出现两次调整或在连续两月出现调整情况,采购部进行份额调整或者暂停供货,并降低其等级。
5.2.2.3 供应商依据公司计划要求的数量、日期准量、准时将零部件配送到公司指定的地点,仓储部依据计划收货,供应商短缺交货、超计划交货、逾期交货每发生一次考核____元。
5.3 供应商质量管理
本公司对供应商按所供产品的重要度、产品质量对整车(主机)质量的影响程度、产品的技术含量和质量风险等因素对零部件按 A、B、C 分成三类,对 A、B、C 三类零部件分别提出建立质量保证体系的要求。

5.3.1 供应商质量保证

供应商在与公司签订正式的零部件供货协议时必须与公司签订《质量协议》。协议书应明确产品质量控制、产品质量保证、质量索赔要求等内容。

5.3.1.1 供应商应建立有效的质量管理体系,至少通过 GB/T 19001—2008(ISO 9001:2008)质量管理体系第三方认证。A类零部件供应商必须通过 TS 16949:《质量管理体系—汽车生产件及相关维修零件组织应用 ISO 9001:2000 的特别要求》认证。

5.3.1.2 国家要求3C认证产品的供应商必须通过3C认证。

5.3.1.3 供应商应根据图纸和《技术协议》的要求,对产品进行永久性标识,以保持同批产品的可追溯性,无标识的,按不合格品进行处理。

5.3.1.4 每批供货时,必须提供证明产品质量合格的自检报告(除了正常的检验记录外,还应有型号、规格、批号、生产顺序号等)。

5.3.1.5 供应商应根据协议的有关技术要求,定期提供检测、试验报告。对不按期提供检测、试验报告的将视为供应商产品不合格。

5.3.1.6 供应商提供的零部件 PPM 应达到双方协议的质量指标。

5.3.1.7 供应商提供的零部件应达到双方协议的质量保证期。

5.3.1.8 公司通过对供应商生产过程审核、产品审核、产品检验、AUDIT 评审和本公司生产过程、售后服务等渠道获得的产品质量信息及时反馈给供应商,供应商应针对问题进行分析,找出原因,制订纠正、预防措施在规定时间内制订改进计划回复本公司,并将实施结果书面向公司报告。

5.3.1.9 供应商应积极配合本公司的质量改进,并在双方商定的时间内完成改进项目。若不能按时完成,供应商应以书面形式告知本公司申请延期,否则主机厂有权向供应商进行索赔。对未能按期改进产品的,本公司有权解除甲乙双方签订的《零部件采购协议》。

5.3.1.10 供应商经本公司确认的工厂、加工生产线、工艺方法、材料、主要二级配套厂等,未经本公司允许不得随意变更,如需变更,必须事先征得本公司质量、技术部门同意或重新进行产品质量确认,经本公司书面签字同意后方可供货。由于供应商未通知本公司,擅自发生变更而造成的损失由供应商承担全部责任,并按给公司造成的损失程度进行赔偿。

5.3.2 供应商质量赔偿与激励

供需双方质量赔偿规定如下。

(1)质量赔偿项目责任。

进货检验时不合格,退货或现场挑选、返工,全部损失由供方承担;让步产品:供方承担让步降价损失;接收检验时判为合格的产品,在需方生产过程中发现的不合格品,直接损失由供方承担,附加损失需方承担;产品、工艺设计或更改所造成的质量损失由设计、更改部门负责赔偿;重复发生,加大赔偿比例;重复发生的不合格,其质量赔偿要在质量损失的基础上考虑重复发生系数;首次重复为损失的1.5倍;两次及两次以上重复为损失的2.0倍。

(2)供货质量问题索赔。

① 供货入库检验不良品率及过程不良品率与协议要求相比每上升 300ppm(10^{-6}),考核供应商____元;售后服务过程中发现的零部件不良品率每上升 300ppm(10^{-6}),考核供应商____元。

② 本索赔办法与双方签订的《质量协议》相关规定具有同等执行效力。

(3)供需双方质量激励与规定

① 依据:以需方每月对供方质量的统计台账和需方对供应商的考评记录为基础。

② 优惠政策激励方式:

A. 给供应商升级,增加订货比例。

B. 比其他供方优先付款。

C. 优先安排新产品配套。

一次性奖金激励:质量稳定、信誉高、售后服务周到、顾客满意度高的优秀供应商,公司将从供货份额、新产品配套、货款结算等方面考虑予以优先并给予一定的物质和精神激励。

5.4 供应商业绩考评管理

供应商日常业绩由采购部组织品质部、生产部、仓储部、组成评价小组从品质、交付、服务、价格等几个方面进行评价。评价采用数据收集的方式进行。

5.4.1 评分标准

具体考评分工、标准见附件1(略)。

5.4.2 考评办法

供应商的考评每季度进行一次。

5.4.2.1 供应商考评由采购部组织,每季度对供应商考评一次。

5.4.2.2 采购部提前将考核表格下发各部门,各部门平时做好记录于每季度最后月的25日~30日认真考评并填写"供应商考评表"经部门负责人签字后转采购部进行汇总。

5.4.3 考评分等

供应商考评等级划分如下:

(1)得分 90~100 分者为 A 等。

(2)得分 76~89 分者为 B 等。

(3)得分 61~75 分者为 C 等。

(4)得分 60 分以下者为 D 等。

5.4.4 考评处理

5.4.4.1 供应商综合评价结果为 A 等优秀供应商,公司考虑给予货款结算、计划、检验之优惠。

5.4.4.2 供应商综合评价结果为 B 等供应商,采购部发出"纠正和预防措施报告",要求其进行限期整改,期限届满仍未达到要求者,取消其供应商资格。

5.4.4.3 供应商综合评价结果为:C 等供应商,采购部视情况降低供货份额并对其进行罚款,同时要求其限期整改,期限届满仍未达到要求者,申请取消其供应商资格。

5.4.4.4 供应商综合评价结果为:D 等的供应商,暂停供货,同时要求其进行限期整改,期限届满仍未达到要求者,取消供应商资格。

5.4.4.5 采购部按考评积分,每次供应商的考评积分比上次考评积分下降10分以上的,由管理科通过采购员向供应商发"考核通知单",等于10分的,考核____元,超过部分每五分增加____元。例如:下降17分,考核____元;下降21分,考核____元。

5.4.4.6 采购部对每次考评积分低于60分的供应商发"考核通知单",考核____元。每低5分增加____元。例如:得分 68 分,考核____元;得分 64 分,考核____元。

5.4.4.7 供应商产品质量出现较大问题,采购部总监可以召集供应商主要负责人到本公司说明情况,了解具体整改措施和落实执行情况。

二、供方评审管理办法

供方评审管理办法

1. 目的

为满足本公司业务拓展需求,开发与评定合适的供方,以确定供方具有满足我公司规定要求的能力,特制订本办法。

2. 适用范围

本办法适用于为本公司提供产品的供方评审。

3. 职责

3.1 总经理负责对合格供方评审结论的批准。

3.2 采购部负责人负责审核供方评审报告。

3.3 评审小组组长负责编制现场评审计划,组织开展供方评审工作,编写评审报告。

3.4 经理室负责对供方评审工作进行监督检查。

4. 定义

4.1 评审小组组长

评审小组中被指定主持评审的评审员,必须具备较丰富的供方评审经历。

4.2 评审员

评审小组成员一般3人,必须具备相应专业知识。

4.3 资料评审

资料评审是评审小组通过对供方提供的相关资料进行评估,评价其质量保证能力、技术保证能力、生产能力、资金实力等是否满足要求的一种方法。

4.4 现场评审

现场评审是评审小组通过到供方处现场进行审查,判断其质量保证能力、技术保证能力、生产能力、资金实力等能否满足要求的一种方法。

5. 内容

5.1 供方评审的方式包括资料评审和现场评审

5.1.1 对新引进的A、B类重要物料的产销型供方原则上必须进行现场评审。

5.1.2 如新引进的A、B类重要物料的产销型供方被公认为行业内前列,认为不需现场评审或是国内知名水泵或水暖器材生产企业,没有出现重大质量问题的产销型供方,可进行资料评审。

5.1.3 本公司指定的产销型供方或代理商及小额供方可进行资料评审。

5.1.4 与本合作两年以上且质量稳定的产销型供方可进行资料评审。

5.1.5 C类物料的产销型供方或购销型供方可以采取资料评审或现场评审。

5.2 供方评审人员的组成

5.2.1 新产品开发和非新产品开发所选择的新供方的评审,必须有技术品管部具备较丰富供方审核经历的技术人员参加。

5.2.2 采购部的相关采购业务负责供方自然状态的评审及对外联络。

5.3 评审频次要求

5.3.1 供方的评审频次原则上每两年不少于一次；较重要产品强调突击检查。
5.3.2 针对产品发生重大质量问题或重大投诉的供方要追加评审。
5.4 供方评审计划要求
5.4.1 采购部依据以下(但不限于)情况编制供方评审计划并传递通知相关部门。
5.4.1.1 供方引进
5.4.1.2 供方评审不合格整改后复审
5.4.1.3 暂停供货后供方整改后复审
5.4.2 评审计划应明确评审对象、评审原因、评审方式、评审日期等内容。
5.4.3 若采购部因供货紧张等原因需临时组织评审，须填写"供方紧急评审申请表"，经采购部负责人审核、报总经理审批后传递至相关部门并在3个工作日内实施评审。
5.5 供方资料评审
5.5.1 供方资料评审主要对供方经营合法性证明、质量体系及产品认证证书、工厂概况、产品介绍、主要生产及检测设备、关键工艺流程、检验项目、企业标准等资料的评审。
5.5.2 评审小组组长填写"供方评审批表"经采购部负责人审核，总经理批准后，发送采购部、技术品管部，作为是否允许供货的凭证，同时交采购部登记、保存。
5.6 供方现场评审
5.6.1 评审前的准备工作要求：
5.6.1.1 采购部在评审前应对供方提供的文件和资料进行初步评审。
5.6.1.2 评审小组组长组织本组评审员分配评审的具体任务。
5.6.1.3 评审小组组长组织评审员准备好供方评审所需文件、资料、记录或报告表格。
5.6.1.4 一般情况下，评审小组须对供方的生产场地、主要生产设备等进行拍照后存档。
5.6.2 评审实施：
5.6.2.1 评审小组组长主持召开首次会议。明确评审的目的、范围，介绍评审小组成员并提出有关审核要求并要求受审方如实填写"供方情况登记调查表"。受审方最高管理者(或管理者代表)及有关部门负责人必须出席会议。
5.6.2.2 评审员根据"供方综合考查表"及"供方评审项目清单及评分标准"中的评审内容要求，通过面谈、检查文件和记录、观察现场操作等方法来搜集证据，判定是否符合要求，做好评审记录。
5.6.2.3 在评审过程中，评审员如果发现可能导致重大不合格的线索，即使其不在评审项目之列，也应予以记录并进行调查。
5.6.2.4 对于面谈获得的信息，评审员应通过检查文件和记录、观察实际操作等渠道予以验证，并做好评审记录。
5.6.2.5 在评审过程中，如果供方有不配合行为或突发事件，评审小组组长有权终止评审或延期评审、暂停供货。
5.6.2.6 评审小组组长要在评审工作完成后组织评审员汇总所有评审结果，确定不合格项，对证据不足的不合格项必须进行核实。
5.6.2.7 评审工作结束时，评审小组组长主持召开会议，向供方说明评审情况，如现场评审不合格需整改后复审，则填写"供方评审不合格项整改通知单"要求受审方限期整改。受审方最高管理者(或管理者代表)及有关部门负责人必须出席会议，所有不合格项都应得到供方的认可。

5.6.3 评审合格判定：

5.6.3.1 满足"供方综合考查表"中的必备项目要求。

5.6.3.2 对供方评审合格得分为 60 分，且不允许出现影响产品质量的严重不符合项。

5.6.4 供方评审报告编写及整改、验证：

5.6.4.1 评审小组组长组织编写"供方评审审批表"，评审总结应明确本次评审是否合格，经采购部负责人审核、总经理审批后转发供应部作为是否允许供货的凭证，同时登记、保存。

5.6.4.2 评审小组应对评审中发现的不合格项目进行跟进，供方纠正措施完成后，要求供方提供证明材料并验证。

5.7 当评审不合格时，采购部应立即停止该供方供货，供方恢复供货必须经复审合格；如该产品确为出运急需或有其他特殊原因，采购部必须填写"供方特批供货审批表"，经技术品管部负责人审核、总经理批准后方可继续供货。

6. 记录

6.1 供方评审计划表。

6.2 供方情况登记调查表。

6.3 供方综合考查表。

6.4 供方评审不合格项整改通知单。

6.5 供方评审审批表。

6.6 供方特批供货审批表。

6.7 供方评审项目清单及评分标准。

三、潜在供应商资格认可评价标准

潜在供应商资格认可评价标准

1. 目的

为使潜在供应商资格的认可工作有章可循，特制订本标准。

2. 适用范围

适用于对潜在供应商进行资格认可的评价。

3. 管理规定

3.1 评价标准

评价标准

评价方面 / 标准	项目总得分	评价内容
质量体系管理能力	20	公司可以进行质量体系评价的基础： (1) 通过公司认可的第三方机构 ISO 9001 标准或 QS 9000 标准认证 (2) 通过公司认可的主机厂的第二方审核，其得分标准同上

续表

标准评价方面	项目总得分	评价内容
质量体系管理能力	20	审核组现场体系审核内容： (1)质量目标 (2)与顾客有关的过程 (3)设计和开发 (4)采购 (5)生产过程控制 (6)测量和监控装置的控制 (7)顾客满意 (8)内部审核 (9)不合格控制 (10)改进
实物质量	20	(1)项目检测率≥85%，其中安全项、关键项、重要项检测率100% (2)项次合格率≥92%，其中安全项、关键项、重要项合格率100%
财务状况	10	(1)营运能力：流动资产周转（次） (2)效益及获利能力：资产利润率 (3)偿债能力分析：速动资产比率
产品研发能力	20	(1)产品设计、试验的人员、手段和能力 (2)产品试制手段和能力 (3)产品开发负责的范围能力
工艺保证能力	20	(1)工艺保证硬件设施 (2)主要生产及检测设备的保证能力： Cpk≥1.33(ppm≤60)的主要工序比例数≥80% Cpk≥1(ppm≤3000)的主要工序比例数≥90%
交付服务能力	10	(1)交付能力 (2)服务能力
特殊优势		(1)供应商通过特殊优势资料，审核员现场验证 (2)审核员审核中发现特殊优势，做好书面记录

3.2 评价原则

3.2.1 有下列情况之一者，不能作为公司的供应商：

(1) 凡评价中出现"该企业不能作为公司的供应商"的。

(2) 凡两个以上的方面得分为 0 的。

(3) 凡评价得分＜80 分的（无产品开发能力的为 60 分）。

3.2.2 有下列情况之一者,必须经过改进后,进一步评价才能确定为公司的供应商:
(1) 凡评价得分＜100分的(无产品开发能力的为80分)。
(2) 除"产品研发能力"外,其他任何项有得0分的。
3.2.3 没有以上情况,且得分值≥100分的企业(无产品开发能力的为80分),则应商资格现场审核合格。
3.2.4 有产品开发能力的为A级供应商;没有产品开发能力的为B级供应商。供应商资格现场审核合格的A、B级供应商,由供应商资格评定小组评定,决定下发"潜在供应商资格认可合格证"。
3.2.5 《潜在供应商资格认可合格证》3年有效,3年后重新评定。

四、现有供应商资格认可评价标准

现有供应商资格认可评价标准

1. 目的
为使现有供应商资格的认可工作有章可循,特制订本标准。
2. 适用范围
适用于对现有供应商进行资格认可的评价。
3. 管理规定
3.1 评价标准

评价标准

评价方面 \ 标准	项目总得分	评价内容
质量体系管理能力	20	公司可进行供应商资格质量体系评价的基础: (1)通过公司认可的第三方机构 ISO 9001 标准或 QS 9000 标准认证 (2)通过公司认可主机厂的第二方审核,其得分标准同上
		审核组现场体系审核内容: (1)质量目标 (2)与顾客有关的过程 (3)设计和开发 (4)采购 (5)生产过程控制 (6)测量和监控装置的控制 (7)顾客满意 (8)内部审核 (9)不合格控制 (10)改进

续表

标准评价方面	项目总得分	评价内容
实物质量	20	(1)项目检测率≥85%,其中安全项、关键项、重要项检测率100% (2)项次合格率≥92%,其中安全项、关键项、重要项合格率100%
财务状况	10	(1)营运能力:流动资产周转率(次) (2)效益及获利能力:资产利润率 (3)偿债能力分析:速动资产比率
产品研发能力	20	(1)产品设计、试验的人员、手段和能力 (2)产品试制手段和能力 (3)产品开发负责的范围能力
工艺保证能力	20	(1)工艺保证硬件设施 (2)主要生产及检测设备的保证能力: Cpk≥1.33(PPM≤60)的主要工序比例数≥80% Cpk≥1(PPM≤3000)的主要工序比例数≥90%
交付服务能力	10	(1)交付能力 (2)服务能力
特殊优势		(1)供应商通过特殊优势资料,审核员现场验证 (2)审核员审核中发现特殊优势,予以书面记录

3.2 评价原则

3.2.1 有下列情况之一者,纳入公司的 D 级供应商:
(1) 凡评价中出现"该企业纳入公司的 D 级供应商"的。
(2) 凡两个以上的评价方面得分为 0 的。
(3) 凡评价得分<80 分的（无产品开发能力的为 60 分）。
(4) D 级供应商如果在 3 个月内没有升级,这种供应商作为统一处理。

3.2.2 有下列情况之一者,纳入公司 C 级供应商:
(1) 凡评价得分<100 分的（无产品开发能力的为 80 分）。
(2) 除"产品研发能力"外,其它任何项有得 0 分的。
(3) C 级供应商必须经过改进后进一步评价,才能确定能否通过资格认可的现场审核。

3.2.3 没有以上情况,且得分值≥1000 分的企业（无产品开发能力的≥80 分）,则供应商资格现场审核合格。有产品开发能力的为 A 级供应商;没有产品开发能力的为 B 级供应商。

3.2.4 供应商资格现场审核合格的 A、B 级供应商,由供应商资格评定小组结合现生产供货评价情况进行评定,决定下发"资格认可合格证"。

3.2.5《资格认可合格证》3 年有效,3 年后重新评定。

五、潜在供应商资源信息库建设及管理办法

潜在供应商资源信息库建设及管理办法

1. 目的

旨在建立规范的潜在供应商资源信息库,以便公司充分利用国内外优秀的供应商资源,不断优化供应商结构,提高产品的市场竞争力,特制订本办法。

2. 适用范围

办法适用于公司对潜在供应商资源信息库的建设及管理。

3. 术语

潜在供应商:经调查确认具备向公司提供所需合格生产件或生产用原辅材料能力的组织。

4. 工作描述

4.1 潜在供应商相关信息的来源

公司潜在供应商相关信息的来源主要有以下几个途径:

(1)公司现有合格供应商。

(2)公司相关部门、各分公司及有关人员推荐。

(3)通过各种媒体收集的相关企业信息。

(4)企业自荐。

(5)通过在公司网页上公开招录而获取的相关企业信息。

(6)其它途径。

4.2 公司潜在供应商应具备的条件

(1)产品工艺技术先进合理,生产、检测、试验设备齐全。

(2)生产批量较大,在行业内具有一定的竞争优势。

(3)具有较强的质量保证能力。

(4)具有较强的产品开发能力。

(5)企业生产经营及财务状况良好,具备良性发展的潜力。

(6)产品价格合理。

(7)良好的售后服务。

4.3 公司选择潜在供应商的原则

发挥存量、相对集中、价格竞标、质量服务优先的原则。

4.4 公司建立潜在供应商资源信息库的步骤

4.4.1 公司生产部采购管理室负责组织公司潜在供应商资源信息库的建立。

4.4.2 公司生产部采购管理室负责收集并归口整理与公司业务相关的国内外企业信息,公司产品规划部门、产品开发部门和各分公司相关部门可定期向采购管理室提供相关企业信息资料并填写"潜在供应商推荐表"予以推荐。

4.4.3 采购管理室负责组织对信息资料进行筛选、比较、确认,对基本满足公司潜在供应商要求的企业由采购管理室按潜在供应商资源信息库格式发给调查表,待企业返回调查表后,对企业所提供的信息资料进行进一步的分析、确认,必要时可对企业进行现场调查。

4.4.4 对满足公司潜在供应商要求的企业信息资料由采购管理室(或由采购管理室组织分

公司相关部门)进行信息资料录入及编辑。对满足要求的企业由采购管理室定期提交公司质量管理者代表批准后将其列入公司潜在供应商目录及潜在供应商资源信息库进行管理。

4.5 公司潜在供应商资源信息库的使用、管理及维护

4.5.1 公司潜在供应商资源信息库由生产部采购管理室负责以活页文本或磁盘、光盘的形式汇编或在局域网上以网页的形式供公司产品规划部门、产品开发部门及各分公司相关部门使用。

4.5.2 公司潜在供应商资源信息库按分公司、按产品类别分类汇编。

4.5.3 潜在供应商资源信息库根据使用情况分阶段逐步实现信息查询功能及在局域网上实现授权用户信息共享功能。

4.5.4 公司潜在供应商资源信息库由生产部采购管理室负责管理和维护更新。

4.5.5 潜在供应商目录及潜在供应商资源信息库实行动态管理,新增和取消的潜在供应商由采购管理室定期向相关部门发布。

4.5.6 根据公司《供应商选择程序》的要求,分公司根据新产品开发或现生产需要需新增供应商时,分公司从潜在供应商目录中选取 2~3 家相关的经资格评审合格的合格潜在供应商,经公司组织进行技术交底、询价、比价后,满足要求的合格潜在供应商由分公司负责进行生产件批准,生产件批准合格的供应商即可列入合格供应商目录并成为正式合格供应商。

4.5.7 因特殊情况需要实施紧急采购而来不及对潜在供应商进行资格评审时,若以后仍准备长期从此供应商处采购,事后仍应组织对该供应商的资格评审及生产件批准并将该供应商纳入合格供应商目录进行管理。

5. 附件

5.1 潜在供应商推荐表。

5.2 潜在供应商资源信息库格式。

六、供应商考核与奖惩实施细则

供应商考核与奖惩实施细则

1. 目的

激励协力厂商在品质、交期与成本方面的改善意愿,以提高其经营绩效与竞争力,也可作为公司考核与奖励的依据。

2. 适用范围

2.1 本办法适用于对产品或服务品质有直接影响的供应商与外包商。

2.2 依采购物料的品质需求与厂商的依赖程度而选择厂商考核。

3. 考核标准与项目

可分为月评价与年评价两种。

3.1 月评价(总分 100 分)

(1) 品质 50 分。

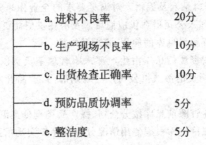

a. 进料不良率	20分
b. 生产现场不良率	10分
c. 出货检查正确率	10分
d. 预防品质协调率	5分
e. 整洁度	5分

(2) 交期 35 分——以误期率评价。

(3) 协调 15 分——即品质、交期及其他业务方面的配合度。

以上评价项目及权数可由各厂依厂商类别及现实需要调整，但需事先公告。

3.2 年度评价

(1) 月评价平均值占 75％。

(2) 年度评价努力度占 25％。

3.3 各项目的评价方式

详见"7. 评分基准"。

4. 审查方式

4.1 月评价

(1) 每月的品质分数由进料检验部门统计进料不良率、出货检查正确率、预防品质协调率及整洁度后，交由品管部门整理生产现场不良率得分。加总后由品管经理承认、发布协助厂商的品质评价结果及重点品质改善项目。

(2) 每月由采购单位分别对交期与协调两项评分，再合并品质分数作成"协助厂商综合评价月报表"，经厂长核定公布，发出通知要求改善行动。

4.2 年度评价

(1) 配合年度表扬及年度计划的检讨进行。年度评价的统计时间为上年度 9 月至本年度 8 月止。

(2) 年度评价应由采购部门统筹评分后，交付协助厂商管理中心会议讨论定案后，呈请事业部最高主管核定后公布。

5. 考核分级

各厂视需要弹性调整并公告。

6. 奖罚方式

6.1 奖励

参与评价考核，成绩优良的协助厂商享有下列奖励措施。

(1) 参加公司举办的各项训练与研习活动。

(2) 经选为公司优良协助厂商者可优先取得交易机会。

(3) 对价格合理化及提案改善制度、品质管理制度、生产技术改善推行的成果显著者，公司另行奖励。

(4) 代工类外包商评核成绩优良时，可择优给予公布额度内的现金付款或缩短票期的奖励。

6.2 罚则

(1) 凡属协助厂商责任的品质不良及交货延期所造成的损失，应由协助厂商负责赔偿（赔款办法另订）。

(2) 月考核成绩连续 3 个月评定 C 级以下者，应接受减量交易、各项稽查、改善辅导等措施。

(3) 考核成绩连续 3 个月评定 D 级，又未在公司要求期限内改善者，须停止交易。

7. 评分基准

以下评分以第 3 条的考核项目及权数为基准，权数不同时依比例计算评分。

7.1 进料不良率（％）

(1) 计算

$$进料不良率=\frac{检验不良批数}{进料批数}\times 100\%$$

$$或\quad 进料不良率=\frac{检验不良个数}{进料个数}\times 100\%$$

(2) 评分

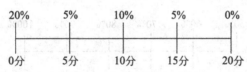

7.2 生产现场不良率（％）

(1) 计算

$$生产现场不良率=\frac{生产现场发现不良件数}{当月进料件数}\times 100\%$$

(2) 评分

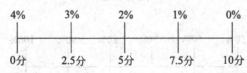

7.3 出货检查正确率（％）

(1) 计算

$$出货检查正确率=\frac{出货检验正确批数}{当月进料批数}\times 100\%$$

出货检查正确批数＝当月进料批数－未附品质证明及品质证明不正确批数

(2) 评分

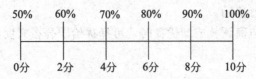

7.4 预防品质协调率（%）

(1) 计算

$$预防品质协调率 = \frac{提出对策或来厂协商数}{要求对策或来厂协商数} \times 100\%$$

(2) 评分

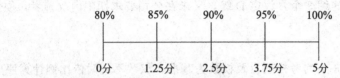

7.5 整洁度（%）

(1) 定义 凡不符合"协助厂商交货管理实施规定"第6条搬运、储存、包装与存货有关事项均称为不整洁，由进料检验部门抽检。

(2) 计算

$$整洁度 = \frac{满意次数}{抽样次数} \times 100\%$$

(3) 评分

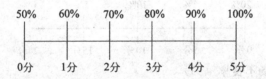

7.6 误期率（%）

(1) 计算

$$误期率 = \frac{误期批数}{交货批数} \times 100\%$$

(2) 评分

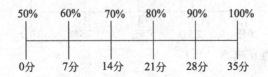

7.7 协调性

由采购部门针对品质、交货及其他业务方面配合状况，采取弹性给分。

七、供应厂商奖惩办法

供应厂商奖惩办法

1. 目的

为对供应商的过失扣点和奖励加分情况做一明确的说明,以使供应厂商奖惩有标准可循,特制订本办法。

2. 适用范围

适用于本公司除办公文具以外的所有物品的供应商。

3. 管理细则

3.1 过失扣点

过失扣点如下表所示。

过 失 情 况	点数
1. 逾期交货 20 天以上而未满 35 天者	-1
2. 交货品质与规格不符,曾有 1 次退货情况者	-1
3. 因品质上的差异,减价收货在合约价格 1% 以上而未满 2% 者	-1
4. 验收合格收货后,在保证期间内,如发现货品变质或品质不符,其数量在合约总数 1% 以上而未满 2%,供应商愿负责调换合格品者	-1
5. 逾期交货 35 天以上而未满 50 天者	-2
6. 交货品质与规格不符,曾有 2 次退货情况者	-2
7. 因品质上的差异、减价收货在合约价格 2% 以上而未满 4% 者	-2
8. 订约后部分欠交,解约重购愿负责赔偿差价者,无差价或停购者亦同	-2
9. 验收合格收货后,在保证期间内,如发现货品变质或品质不符,其数量在合约总数 2% 以上而未满 4%,供应商愿负责调换合格	-2
10. 逾期交货 50 天以上而未满 70 天者	-3
11. 因品质上的差异,减价收货在合约价格 4% 以上而未满 6% 者	-3
12. 验收合格收货后,在保证期间内,如发现货品变质或品质不符,其数量在合约总数 4% 以上而未满 6%,供应商愿负责调换合格品者	-3
13. 逾期交货 70 天以上而未满 100 天者	-4
14. 因品质上的差异,减价收货在合约价格 6% 以上而未满 10% 者	-4
15. 交货后检验不合格,解约重购愿负责赔偿差价者,无差价或停购者亦同	-4
16. 验收合格收货后,在保证期间内,如发现货品变质或品质不符,其数量在合约总数 6% 以上而未满 10%,供应商愿负责调换合格品者	-4
17. 逾期交货 100 天以上而未满 150 天者	-5
18. 因品质上的差异,减价收货在合约价格 10% 以上而未满 15% 者	-5
19. 验收合格收货后,在保证期间内,如发现货品变质或品质不符,其数量在合约总数 10% 以上而未满 15%,供应商愿负责调换合格品者	-5

续表

过　失　情　况	点数
20. 逾期交货 150 天以上者	－6
21. 因品质上的差异,减价收货在合约价格 15% 以上而未满 20% 者	－6
22. 验收合格收货后,在保证期间内,如发现货品变质或品质不符,其数量在合约总数 15% 以上而未满 20%,供应商愿负责调换合格品者	－6
23. 厂商经通知比(议)价,无故不参加者	－6
24. 其他	

3.2 定期停权

定期停权所对应的情况与停权期限如下表所示。

定　期　停　权	停权期限
1. 供应商在两年内或自最后停权处分后(以较近违约日期者为准)其过失点累计达 36 点(含)以上者	6 个月
2. 因品质上的差异,减价收货在合约价格 20% 以上者	6 个月
3. 合约中规定主件不得转包,而得标订约后转包他人承制图利者	6 个月
4. 验收合格收货后,在保证期间内,如发现货品变质或品质不符,其数量在合约总数 20% 以上者	6 个月
5. 得标后拒不签约者	1 年
6. 订约后全部不交,解约重购愿负责赔偿差价者,无差价或停购者亦同	1 年
7. 交货短缺的零配件有影响整体使用者	1 年
8. 签约后仅部分交货,其未交货部分不愿赔偿重购差价者	3 年
9. 逾期 50 天以上未交货而解约重购不愿赔偿差价者	3 年
10. 交货后发现品质不符或偷工减料或变质损坏,在保证有效期间内不予调换或修妥者	3 年
11. 订约后全部不交货,亦不愿赔偿重购差价者	5 年
12. 供应商对该购案承办或有关人员,有馈赠行为经查证属实者	5 年
13. 其他	

3.3 永久停权

以下情况将对供应商进行永久停权。

(1) 贿赂、侵占、诈欺、背信等不法行为经判处徒刑确定者。

(2) 受定期停权处分执行完毕复权后 2 年之内,承标购案再犯有定期停权处分者。

(3) 故意伪造品质不良者,情节重大鉴定审查属实者。

(4) 供应商违约造成买方重大权益损失者。

(5) 投标厂商有操纵垄断、串通图标等不法行为,经查证有显著事实者。

(6) 其他。

3.4 厂商奖励

厂商奖励加点计分情况如下表所示。

厂 商 奖 励	加 点
1. 履约实绩金额达到一定金额50%者,记绩优点1点 2. 履约实绩金额达到一定金额者,记绩优点2点 3. 履约实绩金额,每递增达一定金额50%者,每递增记绩优点1点,余类推	+1 +2

第八章 采购价格与成本控制制度

一、采购物资价格审核程序

采购物资价格审核程序

1. 目的

为规范公司外购、外包物资价格审核,降低物资采购成本,特制订本审核程序。

2. 适用范围

适用于公司所有采购物资、外包件、工序加工协作件等物资的价格审核。

3. 职责

3.1 采购部供应/外包外协业务员负责按中联《招标管理办法》、《采购控制规定》及公司采购流程制度初步确定采购价格,1个工作日内提出价格审核申请。

3.2 采购部供应/外包外协室主任、采购部经理负责在1个工作日内完成对工艺定价的初审及复审。

3.3 财务部成本室负责按定价原则在2个工作日内(设备维修急需备件在1个工作日内)审核确定采购物资价格。

3.4 主管经营副总经理负责审批重要原材料、报审价格高于财务审核价格____%或报审总价高于财务审核总价____元的采购价格。

4. 内容和要求

4.1 下达采购计划

采购部供应/外包外协计划员将供应/外包外协计划下达给供应/外包外协业务员。

4.2 查询采购价格信息库

4.2.1 采购部供应/外包外协业务员打开供应链采购价格信息库。

4.2.2 按采购计划指定的材料,查找最新录入价格及对应的供应商。

4.2.3 对价格信息库中已有审定价格的材料,按采购流程采购。

4.2.4 记录价格信息库中无审定价格的材料名称。

4.3 初步确定采购价格

4.3.1 采购部供应/外包外协业务员按按中联《招标管理办法》、《采购控制规定》及公司采购流程等管理规定,对价格信息库中无审定价格的材料向供应商询价,初步确定采购价格及供应商。

4.3.2 外包件采购价格初步确认

4.3.2.1 外包件:指由本公司提供图纸,加工方按我方图纸进行带料加工的零部件。

4.3.2.2 外包件的价格确定形式分两种:核算价格和招标比价确定价格。

4.3.2.3 核算价格计算基础资料:公司定额成本。

4.3.2.4 核算价格计算公式:

$$含税单价(含税)=(工时费用+材料费用)×(1～1.1之间)$$

$$工时费用=\sum 工序单价(含税)×工序工时(或重量)$$

$$材料费用=\sum 材料定额×材料当期单价(含税)$$

工时费用包含人工、折旧、工具及低耗品消耗、车间管理费用、燃料及动力等。

4.3.2.5 招标比价确定价格:是指由财务、采购、技术等部门通过邀标组织3家以上协作厂家进行投标,按投标价格进行比较确定的价格作为外包件价格。

4.3.2.6 招标比价确定价格一般用于财务难找到相关价格资料或工艺部门难确定工艺的物资及低于公司定额成本价。

4.4 提出价格审核申请

4.4.1 采购部供应业务员整理外购材料价格报审单的附送资料

(1)批量性常用物资,至少有向3家以上供货单位询价资料。

(2)质量部对例外采购(不在合格供方处进行的、小批量性临时采购)的批准性文件。

(3)单项价值在____元以上(含____元)设备品备件采购的立项批准文件。

(4)因市场动态中不可控制的因素需要调增价格的,供方提交的调增物资相关的市场价格信息资料。

(5)因市场动态中不可控制的因素需要调减价格的,调减物资相关的市场价格信息资料。

(6)其他资料。

4.4.2 采购部外包外协业务员整理外包(协)材料价格报审单的附送资料:

(1)外包(协)方的报价文件。

(2)经技术部技术员签字确认的工艺文件:注明工序路线、工序名称、工序工艺要求、工序所需加工时间、编制日期等内容。

(3)因市场动态中不可控制的因素需要调增价格的,外包(协)方提交的调增物资相关市场价格信息资料。

(4)因市场动态中不可控制的因素需要调减价格的,调减物资相关市场价格信息资料。

(5)其他资料。

4.4.3 准确完整填写价格报审单,确认无误后连同附送资料交供应/外包外协室主任审核。

4.5 初审工艺定价

4.5.1 采购部供应/外包外协室主任复核供应/外包外协业务员提交的价格报审单及附送资料。

4.5.2 检查供应/外包外协业务员询价、确定供应商的作业记录。

4.5.3 分析核实报审价格,在价格报审单"供应/外包外协室主任初审价格"栏填写初审价格。

4.5.4 在价格报审单"供应/外包外协室主任初审意见"栏签署意见后送采购部经理审核。

4.6 审核工艺定价

4.6.1 采购部经理审核供应/外包外协室主任的初审工艺定价及初审意见。

4.6.2 分析核实报审价格,在供应报价单"采购部经理审核价"栏填写审核价格。

4.6.3 在价格报审单"采购部经理审核意见"栏签署意见后将价格报审单返还供应/外包外协业务员。

4.7 受理采购价格报审

4.7.1 财务部核对采购价格报审单及附送资料,在"报审时间"栏填写接收时间。

4.7.2 按价格报审材料分类,将采购价格报审单分发至相应岗位材料会计初审。

4.8 初审采购价格

4.8.1 财务部材料会计复核采购价格报审单内容及附送资料真实性及完整性。

4.8.2 按以下原则及方法初审采购价格:

(1)查看供应链采购价格信息库记载和近期实际进货价格作为参考依据。

(2)在互联网上查询同品牌、同档次产品的市场价格作为参考依据。

(3)通过了解市场行情,判断报价的真实性。

(4)要求供方提供产品报价依据,对物资报价构成的各种要素(包括料、工、费、税等)进行分析、计算,确定该物资的采购价格。

(5)与供应商沟通,核实其报价依据。

(6)对不常用物资,通过调研并比照同等产品同等质量的市场最低价。

(7)报审价格应低于市场价格,当产品价格高于同品牌、同档次产品的市场价格时,要重新核算成本,计算审核价格。

4.8.3 对除设备维修急需备件外的外包、工装、非标类报审价高于财务初审价____%、其他类报审价高于财务初审价____%的退回重新报审。

4.8.4 通过信息对比,分析核实报审价格,在供应报价单"材料会计初审价"栏填写审核价格。

4.8.5 在价格报审单"材料会计初审意见"栏签署意见后送财务部审核。

4.9 审核采购价格

4.9.1 财务部检查价格报审单填写内容、附送资料、各审核人签署的审核意见。

4.9.2 通过信息对比,分析核实报审价格,在价格报审单的"审计审核价格"栏内填写审定价格后签署审核意见并加盖价格审核专用章。

4.9.3 对重要原材料的价格报审单以及重新报审的项目,报审价格高于财务审核价格____%或报审总价高于财务审核总价____元的,签署意见后报主管经营副总经理审定。

4.10 审批特殊采购价格

4.10.1 主管经营副总经理受理财务部呈报的价格报审单。

4.10.2 核实采购部报价与财务部审计审核价格的依据。

4.10.3 通过信息对比,分析核实报审价格,审批特殊采购价格后签署审批意见。

4.10.4 合同审批完毕后通知财务/财务部领取已审批的合同。

4.11 提交价格审核结果

财务部在价格报审单审核完毕当日,在OA上通知供应/外包外协业务员领取报审单。

4.12 执行审定的采购价格

4.12.1 采购部供应/外包外协业务员至财务部领取审核完毕的价格报审单。

4.12.2 复印价格报审单后将原件交财务部相应岗位材料会计存档。

4.12.3 自价格报审单审定次日起15日内,按不高于审定价格签订采购合同,逾期进行采购须重新履行价格报审程序。

4.12.4 按据合同价格在供应链系统中录入采购订单。

4.12.5 将价格报审单复印件交供应/外包外协计划员存档。

4.13 录入供应链采购价格信息库

4.13.1 供应/外包外协计划员将价格报审单的材料名称及审定价格录入供应链购价格信息库。

4.13.2 整理归档价格报审文件资料。

4.14 检查审定价格执行情况

4.14.1 财务部材料会计将价格报审单的材料名称及审定价格录入采购价格信息库。

4.14.2 审核采购入库单、采购发票价格与审定价格的一致性、采购合同日期是否超过审定价格的有效期，发现差错，及时通知相关责任人更正。

4.14.3 每月6日前向财务部提交上月审定价格执行情况书面报告。

5 处罚

5.1 供应/外包外协业务员应严格按中联《招标法》、《采购控制规定》等管理规定办理价格报审业务，报审价格经各级审核后，外包、工装、非标类合同核减率不得高于____%，其他报审价格核减率不得高于____%，否则视为不合格价格报审，即每次扣罚相关责任人____~____元；1年内同一当事人同类问题累计处罚达3次，审计部门有权建议当事人调离此岗位。

5.2 各级报价审核人员切实履行审核职责，所审核价格经复审后的价格偏差不得高于____%，否则视为不合格价格审核，即每次扣罚相关责任人____~____元；1年内同一当事人同类问题累计处罚达3次，审计部门有权建议当事人调离此岗位。

二、采购价格管理流程规范

采购价格管理流程规范

1. 目的

为了规范零部件、设备、模具、低值易耗品的价格管理，提高价格管理工作效率，特制订本规范。

2. 适用范围

适用于采购类价格管理，采购物资分为竞价招标类和核价类。

3. 职责

3.1 采购部门负责采购物资的招标、核价提出、发票审核以及价格形成原始文档的管理。

3.2 管理部负责采购价格的监督和审核，价格录入价格库的审核。

3.3 财务部负责价格通知书中价格的系统录入，发票审核。

3.4 研究院负责在开发新品和在进行技术更改下达"技术通知单"时明确材质、尺寸、重量、单耗等信息和在价格审批过程中涉及技术方面确认的会签。

4. 措施和方法

4.1 竞价招标和核价的区分原则

4.1.1 原则上外购业务一律采用竞价招标形式进行价格的核定。

4.1.2 因以下原因的外购业务价格可执行核价程序确定：

(1)专有技术:其技术含量无法判断。
(2)独家供货:因模具开发费用较高等原因形成独家供货。
(3)材料波动:因为受市场因素影响其主要原材料波动较大。
(4)批量很小:一般为一次性需求,因各种原因采购数量很少,不适合招标。
(5)设计更改:因更改设计造成材料更改或重量长度等指标的变化。
(6)流标物资:采取招标方式后未取得招标结果。
(7)紧急支援:因各种原因原供货厂家不能供货或生产急需来不及招标的。
(8)垄断行业:因资源等原因造成垄断而无法采取招标形式。
(9)机加工或应急维修件。

执行核价程序需填写"核价申请报告",其中:因(1)(5)(8)原因执行核价程序需要技术部门会签,除(1)(5)(8)原因需经分管副总审批准。

4.2 核价类产品价格审核

4.2.1 供方填写"核价申请报告"(后附《供方零件报价单》)报采购部门,一式两份。

4.2.2 采购部门相应的采购员详细填写申请核价原因,对所报价的产品材质以及模具归属(可分为三种情况:供方自付模具费、我方全副模具费及我方付部分模具费)或技术规格进行审核,签字确认后,报由采购部门领导审批。

4.2.3 领导批准后,采购员对产品的重量以及报价单的填写规范性、完整性进行审核和确认;若领导不予批准则将申请报告退回供方。

4.2.4 采购员对核价申请报告(附报价单)按顺序进行编号,报送分管副总审定价格,并负责将审价结果通知供方。

4.2.5 如果供方接受审价结果,由管理部确认价格后,由采购部门开具《价格通知书》或《供货价格协议书》;如果供方对审价结果不接受,则由采购部门会同管理部与供方进行协商调整,直至双方认可为止,并以最终确认价格并开具《价格通知书》或《供货价格协议书》。

4.2.6《价格通知书》应注明产品名称、图号、执行价格、原价、执行日期,含模具费用的须注明摊销数量、单台费用,设备(技术协议)工具类(技术参数)。《价格通知书》(一式四份)由财务部、管理部、采购部、供方各存一份。

4.3 招标类产品价格审核

4.3.1 按每件招标,财务部依据采购员提供的投标书及价格确认书(必须有参加招标人员签字确认)直接开具《价格通知书》。

4.3.2 按每单位(重量、长度等)招标:

4.3.2.1 核定供货产品(封样后)的实际重量、长度等,核定需要采购员和核价员共同确认,必要时送研究院会签。

4.3.2.2 根据相应的计算公式计算出价格。

4.3.2.3 管理部依据采购员提供的投标书及价格确认书(必须有参加招标人员签字确认)会签《价格通知书》。

4.3.3《价格通知书》应注明产品名称、图号、执行价格、原价、执行日期,含模具费用的须注明摊销数量、单台费用。

4.3.4 设备类、模具类按一单一标确定价格,按招标标书规定招标形式,确定中标价格后,签订合同和技术协议。如为议标,由采购部门分管副总为组长,采购部门负责人、管理部组成议标小组,进行议标,议标结果为中标价格,单标价值超过____万元项目需要报请总经理批准。

4.4 增值税发票审核

4.4.1 供方必须依据最新《价格通知书》开具增值税发票,并交由采购员、财务材料会计审核。

4.4.2 采购员、财务部材料会计依据价格通知书中的最新价格信息审核增值税发票。

4.4.3 若价格确认书没有对应价格,或发现信息有误,采购员、财务材料会计应及时核对相应价格。

4.4.4 采购员审核增值税发票时应注意:

4.4.4.1 发票上所开具的价格(未含税价)是否正确,如有产品价格变动,要严格按照最新价格执行。

4.4.4.2 发票上所开产品的数量与所附入库单是否一致。

4.4.4.3 发票所附入库单上实际单价(应填写未含税价格)。

4.4.5 上述内容审核无误后采购员签字确认,并登记交由综合管理员送至财务部材料会计审核入账。如有一项不符,则退回供方。

4.5 价格文档的管理

4.5.1 采购部门对招标资料(包括投标书和价格确认书)、核价申请报告(附报价单)进行编号。

4.5.2 编号原则:如招标员管理的 2015 年 1 月第 1 份招标资料,则编号为××GS-1501ZB-0001,其中,××WG 是××公司物供的首字母,1501ZB 指 2015 年 1 月招标,0001 是顺序编号。

三、采购询价管理规定

采购询价管理规定

1. 目的

为规范公司采购活动的询价工作,使采购活动顺利进行,有效控制采购价格,提高采购管理管理水平,特制订本规定。

2. 适用范围

适用于公司所有物资的采购活动。

3. 权责

3.1 相关部门提出采购需求并提供相关资料。

3.2 采购专员负责落实工厂采购的具体询价活动。

3.3 采购部经理负责询价结果的审核。

3.4 价格委员会负责价格的核定。

3.5 总经理负责价格的批准。

4. 采购询价的工作要求及步骤

4.1 采购询价过程中,采购人员应明确以下相关内容。

(1)采购物资的编码、名称。

(2)采购数量。

(3)采购物资的规格型号、图号。
(4)采购物资的质量要求。
(5)采购报价基础要求。
(6)付款条件。
(7)交期要求。
(8)物资包装要求。
(9)运送方式、交货方式与地点。
(10)采购人员与相关人员的姓名及联络方式。
(11)报价到期日。
(12)保密协议内容。
(13)售后服务与保证期限要求。

4.2 采购询价的程序
(1)相关部门提出采购需求,并经部门经理批准后交至采购专员处。
(2)采购专员进行询价准备,收集相关资料,通过查阅供应商信息库和市场调查报告等方式掌握供应市场动态。
(3)采购专员根据市场调查与分析结果,选择符合条件的询价供应商名单,并交采购部经理审核确认。
(4)经采购部经理审核确认后,采购人员编制询价文件,并向供应商发出《询价通知书》。
(5)采购人员应在规定的询价截止日期前收集所有供应商报价。
(6)采购人员在截止报价后,汇总并整理所有报价,经过对比分析,编制《采购询价报告》交送采购部经理审核。
(7)经采购部经理审核并提出采购意见后,由价格委员会对《采购询价报告》进行核定,确定候选的供应商,编写《价格委员会会议纪要》。
(8)确定好候选供应商后,由总经理对价格进行批准。

4.3 采购询价作业要求
(1)对于非初次采购的物资,采购人员应在供应商库中查询原供应商,并直接列入"询价供应商名单"。
(2)采购询价过程中,属于需附图纸或规范的物资,采购人员应在发送《询价通知书》时附图纸或规范至询价供应商。
(3)采购《询价通知书》中,采购人员应明确报价期限,确保采购作业的时效性与公平性,对于逾期报价的供应商一律不予受理(经采购部经理核准者除外)。

4.4 设备类物资的《询价通知》中应至少注明下列四项内容
(1)供应商必须提供设备运转____年以上的质量承诺,保修期间所需的各项备品应由供应商无偿提供。
(2)供应商必须列举保质期满后保养所需的"备品明细单",包括品名、规格、单价、更换周期等,并注明备品价格的有效年限。
(3)供应商必须提供设备的装运条件及其体积与重量。
(4)设备安装、试运行条件。

四、采购成本管理制度

采购成本管理制度

1. 目的

为了使公司的采购管理水平满足企业发展的需要，有效控制采购成本，提升本公司的市场竞争力，特制订本制度。

2. 适用范围

适用于本公司各类物料采购的成本控制与管理。

3. 管理机构的设置

（1）为了做好采购成本管理工作，公司成立以主管采购的副总经理为组长的采购成本管理领导小组，组员包括采购、财务、人力资源、生产等部门的相关负责人员，定期开展采购成本的分析与研究。

（2）采购成本核算工作由财务部成本会计配合采购部成本分析专员共同完成，对采购成本控制主管直接负责。

4. 采购成本核算

4.1 采购成本核算遵循的原则

（1）合法性原则。计入采购成本的费用必须符合法律、法规和制度等的规定，不符合规定的费用不能计入采购成本。

（2）配比原则。要求严格遵守权责发生制原则，按收益期分配确认成本。

（3）一贯性原则。采购成本核算所采用的方法前后各期需保持一致。

（4）重要性原则。对成本有重大影响的项目，应进行重点核算，力求精确，对其他内容，则可在综合性项目中合并反映。

4.2 采购成本核算的对象

（1）采购总成本。总成本是指采购成本、运送成本以及间接因操作程序、检验、质量保证、设备维护、重复劳动、后续作业和其他相关工序所造成的成本的总和。

（2）直接的材料成本。用经济可行的办法能算出的、所有包含在最终产品中或能追溯到最终产品上的原材料成本。

（3）直接劳动力成本。用经济可行的办法能追溯到采购过程中的所有劳动力成本。

（4）间接采购成本。除了上述成本以外，所有和采购过程有关的成本。

4.3 采购成本费用的归口管理

（1）财务部和人力资源部负责分管与采购活动相关人员的经费，控制采购部劳动生产率、职工人数、工资总额等指标，用好、管好采购人力资源。

（2）行政部负责分管与采购相关的办公经费，控制办公费、差旅费、业务招待费、邮电费、会务费等项指标，同时控制相关支出，避免损失浪费。

（3）采购部负责分管与物料采购有关的成本费用，控制物料采购费用，降低采购成本等指标，做好节约采购费用和改进物料采购等工作。

5. 采购成本分析与管理评价

5.1 采购成本分析

购成本分析每月进行一次。各部门要对采购成本的各个项目的发生额及其增减原因进行分析说明，财务部主要进行数据分析；采购成本分析专员负责综合分析并提供系统的采购成本分析报告；采购成本管理领导小组负责对分析报告进行审议。

（1）数据分析。主要是从采购成本绝对额的升降、项目构成的变化趋势找出采购成本管理工作的关键问题。通过采购成本的构成分析与因素分析，观察变化趋势是否合理，明确变动影响的因素。

（2）综合分析。要结合物料采购过程和采购成本的变化与联系，运用数理统计的方法，对影响采购成本的重要因素进行深入调查，找到采购成本控制的最佳方案和降低采购成本的方法。

5.2 采购成本管理评价

采购成本管理小组根据各部门在采购成本管理过程中的工作成效，综合考虑成本计划的完成情况，每半年对采购成本管理的相关部门进行评价，评价结果直接与年度绩效考核挂钩。评价结束后，由采购成本管理小组向公司提交采购成本管理评价报告。

6. 采购成本降低的奖励

6.1 采购成本降低的计算

采购成本降低简单的计算方法有以下三种。

（1）单价降低的金额＝原单价－新单价。

（2）成本降低＝（原单价－新单价）×一次采购数量（或年采购量）。

（3）成本降低与预计目标的差异＝实际成本降低金额（每单位或每年）－预计成本降低金额（每单位或每年）。

6.2 采购成本降低的奖励

企业对降低采购成本的员工给予一定的奖励，具体的标准如下。

6.2.1 直接降低采购成本。

直接降低采购成本是指在采购执行过程中，通过降低采购价格、减少采购运费支出等活动，使采购成本直接降低。奖励标准如下。

（1）采购成本降低在××元以内的，奖励人民币××元。

(2) 采购成本降低在××~××元之间的，奖励人民币××元。
(3) 采购成本降低在××元以上的，奖励人民币××元。

6.2.2 间接降低采购成本。

间接降低采购成本是指在采购执行过程中，通过实现采购物品标准化，提高采购效率等活动使采购成本间接降低。经公司采购领导小组评定，其奖励标准如下。

(1) 采购成本降低在××元以内的，奖励人民币××元。
(2) 采购成本降低在××~××元之间的，奖励人民币××元。
(3) 采购成本降低在××元以上的，奖励人民币××元。

第九章　采购质量管理制度

一、采购质量管理程序

采购质量管理程序

1. 目的

对产品采购的过程进行有效控制，防止因采购文件/资料出现失误而影响产品质量，并对供应商提供的产品质量、交期或服务进行评估和考核，确保采购产品的质量符合和满足公司的各项生产需求。

2. 适用范围

为满足公司最终产品所需要的各种原材料、辅助材料、零组件、外购件及外协件、机器设备，包括服务采购，如委外加工、委托运输（邮政快递、船/海运、空运、陆运）、委外检验和试验、仪器校正等的采购均适用。

3. 引用文件

(1)《政府、安全和环保法规管理程序》。
(2)《供应商控制程序》。
(3)《产品搬运、储存、包装与防护管理程序》。
(4)《检验和试验控制程序》。

4. 术语和定义

4.1 产品

过程的结果，包括硬件、软件、服务、流程性材料四种类别的通用产品，它可以是有形的（如组件或流程性材料），也可以是无形的（如知识或概念），它可以单独存在或与其中几种类别的组合存在。

4.2 本公司采购的产品

指适用于期望提交给顾客的任何类别产品所需要的各种原材料、辅助材料、零组件、外购件及外协件、机器设备易损件。

4.3 采购

指从供应商处购买物料及选择合适的供应商将合同的部分转包供应商的行为。

5. 职责

5.1 技术部门

负责技术支持，制订销售预测计划，新品供应商选择。

5.2 制造工程部

负责生产任务的下达、出具分工、产品材料消耗定额。

5.3 质量部

负责供应商的质量体系及产品质量监控。

5.4 采购部

负责产品采购及其采购过程的监控。

6. 工作流程和内容

工作流程	工作内容及说明	使用表单
销售计划/生产计划 → 物料需求计划 → 库存调查 —Yes→ 依《过程控制管理程序》进行作业；No→	（1）采购部主管根据项目组制订的产品销售预测和/或制造部拟定的当月生产计划、分工、产品材料消耗定额和采购员库存调查结果，核算出当期采购物资的需用计划，并做出"物料需求计划"（物料需求计划上需注明需采购物资的名称、规格/型号、数量及交付日期，并需考虑关键、重要和在国内难以采购的安全库存及采购作业的先行期），报部门主管审查 用于零件生产的所有采购材料必须按《政府、安全与环保法规管理程序》满足对限制有毒、危险物品的政府要求及安全规定，以及考虑生产和销售国有关环境、电力及电磁方面的规定	物料需求计划

续表

工作流程	工作内容及说明	使用表单
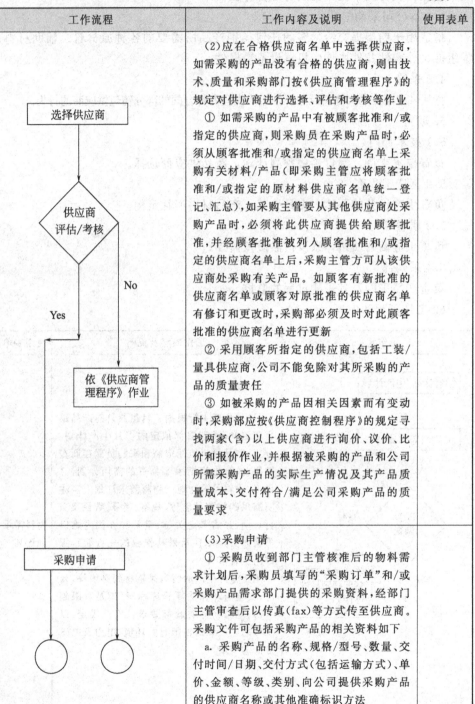	(2)应在合格供应商名单中选择供应商，如需采购的产品没有合格的供应商，则由技术、质量和采购部门按《供应商管理程序》的规定对供应商进行选择、评估和考核等作业 ① 如需采购的产品中有被顾客批准和/或指定的供应商，则采购员在采购产品时，必须从顾客批准和/或指定的供应商名单上采购有关材料/产品（即采购主管应将顾客批准和/或指定的原材料供应商名单统一登记、汇总），如采购主管要从其他供应商处采购产品时，必须将此供应商提供给顾客批准，并经顾客批准被列入顾客批准和/或指定的供应商名单上后，采购主管方可从该供应商处采购有关产品。如顾客有新批准的供应商名单或顾客对原批准的供应商名单有修订和更改时，采购部必须及时对此顾客批准的供应商名单进行更新 ② 采用顾客所指定的供应商，包括工装/量具供应商，公司不能免除对其所采购的产品的质量责任 ③ 如被采购的产品因相关因素而有变动时，采购部应按《供应商控制程序》的规定寻找两家(含)以上供应商进行询价、议价、比价和报价作业，并根据被采购的产品和公司所需采购产品的实际生产情况及其产品质量成本、交付符合/满足公司采购产品的质量要求	
	(3)采购申请 ① 采购员收到部门主管核准后的物料需求计划后，采购员填写"采购订单"和/或采购产品需求部门提供的采购资料，经部门主管审查后以传真(fax)等方式传至供应商。采购文件可包括采购产品的相关资料如下 a. 采购产品的名称、规格/型号、数量、交付时间/日期、交付方式(包括运输方式)、单价、金额、等级、类别、向公司提供采购产品的供应商名称或其他准确标识方法	

续表

工作流程	工作内容及说明	使用表单
（流程图：两个圆形节点 → No → 核准（菱形）→ Yes）	b. 采购产品的规范、图样/图面、样品、过程要求、检验规程/检验标准、检验方法及其他有关技术资料/要求（包括产品、程序、过程设备和人员的认可或鉴定要求等）的名称或其他明确标识和适用版本 c. 适用的质量体系标准的名称、编号和版本 ② 如供应商无法按期达成或交货期不足时，采购主管应填写"采购协调单"征求相关单位是否调整生产计划，决定是否采取紧急对应措施（如空运等）；如在国外供应商处订货或者订货周期较长的产品，可先行订货，订货必须经过采购部领导批准 ③ 如采购的产品质量对提交给顾客的产品质量基本上无任何影响的物料采购（例如：五金杂项、劳保办公用品、消耗品等），由需求部门根据其实际工作需要报经采购部领导审批，由采购员直接进行采购作业 ④ 机器设备维修件、检验和测量设备的采购由需求部门根据其实际工作、生产的需要报经采购部领导审批，由采购员直接进行采购作业 ⑤ 采购产品的质量要求应在"采购订单"上说明，如所采购的产品质量无法描述清楚时，则需求部门或质量部应附上相关的采购产品的质量标准/要求 ⑥ "采购订单"执行完毕后必须存档	采购订单
采购进度追踪和监控	(4) 采购部门必须要求供应商具有对提交给公司采购产品100%的按时交付的能力，并建立供应商产品交付监控管理体系；公司在要求供应商提交采购产品时，采购部门必须至少在两个星期前将公司相关的采购策划资料（如：采购计划、采购单、后续预计采购数量等）提供给供应商，以便让供应商提前准备公司所要采购的产品和/或材料，使供应商能满足公司对采购产品的要求和需求 ① 供应商产品交付监控管理体系必须包括如下内容	

续表

工作流程	工作内容及说明	使用表单
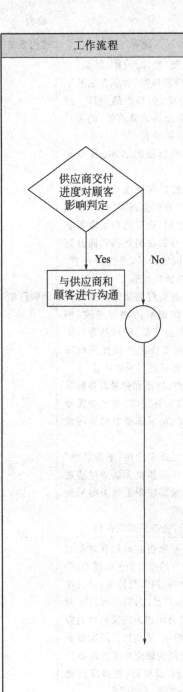	a. 每批产品交付时,产品从供应商发出到达公司内预计所需要的时间、运输路线、运输方式、包装方式等 b. 每批产品在交付过程中,如发生突发性事件时其应急处理措施和方法 c. 供应商未能 100%按时交付对顾客所造成的干扰和影响 d. 供应商交付的状况和绩效统计(包括:100%按时交付的统计状况和未能 100%按时交付的统计状况以及发生超额运费的统计状况等) e. 如因供应商提供产品的交付进度问题等有关的特殊状况而使顾客无法正常顺利生产时,有关部门必须将其通知顾客,并按顾客的处理方式进行处理 ② 供应商产品交付监控管理体系的内容由采购部将其建立于"供应商产品交付及进厂检验监控统计表"中 ③ 如公司对供应商的生产、制造过程中的绩效也需进行监控时,则由采购部和相关部门至供应商处对其生产、制造过程进行评估、考核和监督,并将每次评估、考核和监督的状况和结果记录于"供应商过程控制评估考核和监督表"中,以作为对供应商生产、制造过程的绩效控制的依据 ④ 依顾客对产品交付的需求状况和公司生产计划的安排,采购主管应随时对所采购的产品进行供应商交付时间的进度追踪,并将追踪的结果和状况记录于"供应商产品交付及进厂检验监控统计表"中,对供应商逾期未按时交付的采购产品,由采购部采购主管按《纠正和预防措施控制程序》填写"纠正与预防措施报告",经部门主管审后以传真方式通知供应商,要求其提出纠正与预防措施 ⑤ 对于一般采购的产品采购主管至少应于供应商按期交货前一天内与供应商联络并确认其是否能如期交货	供应商产品交付及进厂检验监控统计表

续表

工作流程	工作内容及说明	使用表单
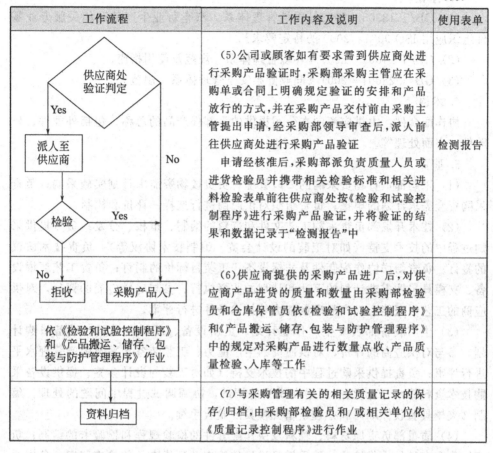	(5)公司或顾客如有要求需到供应商处进行采购产品验证时,采购部采购主管应在采购单或合同上明确规定验证的安排和产品放行的方式,并在采购产品交付前由采购主管提出申请,经采购部领导审查后,派人前往供应商处进行采购产品验证 申请经核准后,采购部派负责质量人员或进货检验员并携带相关检验标准和相关进料检验表单前往供应商处按《检验和试验控制程序》进行采购产品验证,并将验证的结果和数据记录于"检测报告"中	检测报告
	(6)供应商提供的采购产品进厂后,对供应商产品进货的质量和数量由采购部检验员和仓库保管员依《检验和试验控制程序》和《产品搬运、储存、包装与防护管理程序》中的规定对采购产品进行数量点收、产品质量检验、入库等工作	
	(7)与采购管理有关的相关质量记录的保存/归档,由采购部检验员和/或相关单位依《质量记录控制程序》进行作业	

7. 附件(无)

二、采购过程控制程序

　　　　　　　　采购过程控制程序

1. 目的

确保采购过程处于受控状态,保证所采购的产品满足规定的采购要求。

2. 适用范围

本程序适用于 DFCP 协作配套件、生产用原辅材料及设备、工装(以下统称为采购物资)采购过程的管理。

3. 引用文件

(1) GB/T 18305—2003《质量管理体系 汽车行业生产件和相关服务业零件组织应用 ISO 9001：2000 的特定要求》。

(2) GB/T 24001—2004《环境管理体系 规范及使用指南》。

(3) GB/T 28001—2001《职业健康安全管理体系 规范》。

4. 术语

协作配套件：由供应商向本公司提供的零部件产品的总称，包括外委件、外购件、表面处理等。

5. 职责

(1) 采购部负责物资采购的归口管理；负责按物资需求计划实施采购；负责采购资金需求计划的申报；负责组织对供应商进行选择、评价和控制。

(2) 技术开发部负责采购工艺文件和资料的编制、审核、分发；负责提供采购过程中的技术支持（如对工装的设计会签、编制技术协议等）；负责技术协议的签订；负责新增协作配套件及非标设备、工装目标价的制订；负责工艺新增设备、夹模具采购需求计划的下达和计划的监督执行；参与对供应商的评价，对供应商的工艺保证能力、产品研制能力等技术条件进行评审。

(3) 生产装备部负责生产作业计划、更新设备、复制夹模具、设备采购计划；参与对供应商的评价，对供应商的生产能力、工艺装备水平及生产管理水平进行评审；负责提供采购过程中的技术支持（如对工装的设计会签、提供设备采购技术资料等）；负责组织新增夹模具的调试，协调调试过程中问题的处理，编制《夹模具验收标准》和办理新增夹模具的验收手续。

(4) 质量部负责原材料、辅料及协作配套件的检验规程和检验卡的编制；负责协作配套件的进货检验、外采模具送样的检查及到货夹具的检查鉴定；负责协作配套件质量协议的签订及质量索赔的相关工作；负责质量纠纷的裁决；参与对供应商的评价，对供应商的质量保证能力进行评审。

(5) 财务部负责对采购物资资金需求计划进行平衡，下达物资采购资金计划，进行采购资金的筹措；负责采购物资的价格审核。

(6) 物资管理部负责装备维修备件、辅料、劳保、包装物、工具、辅具采购计划的编制；采购物资的入库验收、保管。

(7) 分厂负责按生产装备部调试计划实施设备、夹模具的调试；参与工装的设计会签和验收。

(8) 各使用单位负责本单位所使用的设备和夹模具到货验收前的保管。

(9) 各使用单位可参与对本单位所使用采购物资的质量监督。

(10) 主管副总经理负责对采购需求计划、资金需求计划、资金计划和合格供应商名单的批准。

6. 工作流程

6.1 协配件、生产用原辅材料采购

工作内容	责任单位	记录
(1)根据生产装备部预告的全年生产计划制订"年度采购合同/计划"	采购部	年度采购合同/计划
(2)召开供应商会议,签订"供货协议"、"质量技术协议"	采购部	供货协议 质量技术协议
(3)向采购部传递月生产计划	生产装备部	
(4)向采购部传递库存信息;并下达包装物、辅料采购计划	物资管理部	采购计划
(5)根据月生产计划和库存情况编制采购计划。"月采购计划"每月底完成,"临时计划"按生产需求及时编制实施 (6)当生产计划调整时,采购计划应相应进行调整	采购员	生产/调整计划 采购计划
(7)审核采购计划	采购部长	
(8)批准采购计划	主管 副总经理	

(9)向合格供应商下达采购计划
(10)当出现以下情况时,可从合格供应商以外采购,但须主管副总经理批准后方可实施,在事后应按《供应商选择和评价程序》重新进行供应商选择过程
  顾客明确指定供应商且不同意选择其他供应商
  现有合格供应商对价格、质量、周期或其他特殊要求不能满足时
  本行业垄断供应商
	采购员	

(11)接受到计划后,必须按要求保质保量100%交付(对不符合交付、质量等要求具体参见《不合格品控制程序》、《产品质量赔偿及退货管理程序》)	供应商	
(12)在接收到原材料/零部件后进行仔细核对,送货单上记录应与采购计划相符,确认无误后在送货单上签字并办理入库手续 (13)及时向采购部传递到货信息	物资管理部	
(14)及时向采购部传递入库检查情况	质量部	
(15)每月对供应商交货情况进行汇总,统计分析,对供应商交货业绩进行评价,采取相应激励措施,具体见《供应商监控程序》	采购员	

6.2 设备采购

工作内容	责任单位	记录
(1)向采购部下达新增设备采购计划及文件资料,同时发生产装备部,采购文件资料见"采购文件发放清单"	技术开发部	设备采购计划采购文件发放清单
(2)向采购部下达更新设备采购计划及文件资料	生产装备部	设备采购计划
(3)向采购部下达装备维修备件、工具、辅具采购计划	物资管理部	
(4)与供应商进行商务谈判,签订订货合同	采购部	合同
(5)共同与供应商签订技术协议(非标设备在图纸设计完成后由采购部组织技术开发部、生产装备部会签,会签后供应商方可进行制造)	技术开发部生产装备部	技术协议
(6)接受到订货单后,按要求交付	供应商	送货单
(7)设备到货后,发出到货信息	采购部	设备到货通知单
(8)接到到货信息后,组织开箱检查验收,填写"设备开箱验收单",在验收设备技术资料后,将技术资料和设备开箱验收单一同交档案室归档	生产装备部物资管理部	设备开箱验收单
(9)设备的调试验收见《设备控制程序》、《设备前期管理》	生产装备部	

6.3 工装采购

工作内容	责任单位	记录
(1)向采购部下达工装采购计划及文件资料,同时发生产装备部,采购文件资料见"采购文件发放清单"	技术开发部	工装采购计划采购文件发放清单
(2)向采购部下达维修辅具、工具备件采购计划	物资管理部	采购计划
(3)与供应商进行商务谈判,签订订货合同,报财务部审核备案	采购部	合同
(4)共同与供应商签订技术协议	技术开发部生产装备部	技术协议
(5)进行工装设计	供应商	工装图纸
(6)设计完毕后,组织生产装备部、技术开发部进行工装设计会签	采购员	设计会签记录
(7)工装经设计会签认可后,方可进行制造	供应商	
(8)工装制造完毕,样件送检,检查工装样件,反馈检查信息	质量部	零件检查记录
(9)样件检查合格,组织生产装备部、技术开发部进行工装预验收,形成预验收记录,提出处理意见	采购员	预验收记录

续表

工作内容	责任单位	记录
(10)预验收合格,按要求交付工装 交付条件:送货单、自检合格凭证(模具有合格证,夹具有精度检查表)、带模具合格制件(小件10件,大件2~5件)及夹模具蓝图底图各一套(检具两套蓝图)	供应商	送货单 自检合格凭证
(11)确认符合交付条件,向生产分厂交付工装(检具向质量部交付),向生产装备部交付工装图纸及精度表(检具图纸及精度表向质量部交付1套),同时发出到货信息	采购部	工装到货通知单
(12)验收工装图纸,交资料室存档,在1日内完成并反馈信息	生产装备部	工装图纸验收记录
(13)接收检具、检具图纸、检查精度表,进行检具(有特殊要求时包括夹具)复检,在1日内完成并反馈复检信息	质量部	工装检测记录
(14)收到到货信息后及到货验收信息后,安排调试验收或下达整改计划	技术开发部	调试计划 整改计划
(15)接到调试计划后,组织调试,调试验收任务在夹模具到货后15天内完成,验收单在工装调试合格后2日内办理	生产装备部	工装验收单
(16)在调试完成后2日内下达工装整改计划	技术开发部	整改计划
(17)采购部按要求组织制造厂家整改工装问题,并重新进行验收	采购部	

附:文件发放清单

序号	文件名称	采购类别	发放数量	发放单位
1	产品图纸及相关产品要求	劳务加工件 外采非标产品 工艺新增夹模具	2份	技术开发部
2	检查基准书或检验标准	劳务加工件 外采产品 表面处理件 工艺新增夹模具	2份	技术开发部
3	工艺卡(过程流程卡)	劳务加工件 工艺新增夹模具	2份	技术开发部
4	检验卡	劳务加工件	2份	质量部
5	采购目标价	新增协作配套件 非标设备 非标工装	1份	技术开发部

续表

序号	文件名称	采购类别	发放数量	发放单位
6	月生产计划	协作配套件 原材料、辅料	1份	生产装备部
7	消耗定额、标准	原材料、辅料	1份	技术开发部
8	原材料、辅料检验规程	原材料、辅料	1份	质量部
9	技术协议(包括设备工艺功能要求及技术参数)	设备 协作配套件	2份	技术开发部
10	设备制造厂家背景资料	设备	1份	生产装备部
11	夹模具图纸(样件)	复制夹模具	1份	生产装备部
12	夹模具检验标准	夹模具	1份	生产装备部
13	工装申请单	工艺新增夹模具	2份	技术开发部
14	需求计划	设备及备件	1份	生产装备/物资管理部
15	需求计划	复制夹模具及备件	1份	生产装备/物资管理部
16	需求计划	工艺新增夹模具	1份	技术开发部
17	需求计划	工具(量具除外)	1份	物资管理部
18	需求计划	量具	1份	质量部

7. 支持性文件

(1) 产品质量赔偿及退货管理程序。

(2) 不合格品控制程序。

(3) 夹具控制程序。

(4) 模具控制程序。

(5) 设备管理程序。

(6) 质量协议。

三、采购货物质量认证程序

采购货物质量认证程序

1. 目的

为实施采购货物质量认证提供标准；建立和维护企业的采购环境；确保公司能拥有一支优秀的供应商队伍；以满足公司在采购质量、成本、供应服务等方面的要求，特制订本程序。

2. 适用范围

适用于本企业所有采购货物的质量认证。

3. 相关部门责任

(1) 研发部负责制订采购物料的技术标准和制造工艺设计。

(2) 研发部负责对供应商进行技术指导。

(3) 采购部负责供应商的选择、谈判、沟通等工作。

(4) 品质部负责对供应商提供的样品进行质量检验。

4. 建立采购货物的质量认证体系

4.1 认证人员

采购部、品质部、研发部共同开展采购物资的质量认证工作。

4.2 认证准备

4.2.1 参与认证的人员必须熟悉要进行质量认证的货物。

4.2.2 确定货物认证的质量标准。

4.2.3 明确待认证货物的需求状况，以及货物对生产的重要性。

4.2.4 编制合理的货物质量认证预算。

4.2.5 准备好货物质量认证需要的设备、原料等。

5. 初选供应商

5.1 供应商初选程序

5.1.1 划定供应商的地域范围。

5.1.2 联系供应商，索取相关供应资料。

5.1.3 开展供应商调研。

5.1.4 与供应商进行谈判。

5.1.5 综合评价供应商，确定初选供应商名单。

5.2 供应商的选择标准

5.2.1 供应商的管理人员品行优秀，工作经验丰富。

5.2.2 供应商专业技术水平高，专业技术人员工作经验丰富。

5.2.3 供应商机器设备的性能和生产能力满足企业所需物料的生产要求，而且机器设备被很好地保养和维护。

5.2.4 供应商有充足的原材料供应源，而且原材料的品质好。

5.2.5 供应商质量管理部制度完善，质量管理部人员优秀，而且要求通过了相关的 ISO 质量认证。

5.2.6 供应商的财务状况以及信誉良好。

5.2.7 供应商企业管理规范、科学。

5.3 初选供应商的数量

采购部根据供应商调研和评价初选供应商，其数量不得少于三家。

6. 货物质量认证

6.1 质量认证的方式

6.1.1 试制认证。

试制认证是要求供应商提供货物样件（样品），进行质量认证的过程。试制认证的具体过程如下图所示。

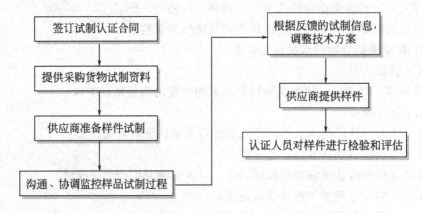

6.1.2 中试认证。

中试认证是对供应商提供的小批量物料进行质量认证的过程。中试认证的具体过程如下图所示。

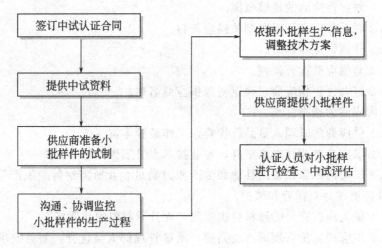

6.1.3 批量认证。

批量认证重点是采购货物供应质量的稳定性和供应商供应的稳定性，其具体的过程如下图所示。

6.2 填写《样品质量评价表》

《样品质量评价表》由相关认证人员即时填写。

6.3 批量货物认证指标

6.3.1 来料批次合格率＝合格来料批次/来料总批次×100%。

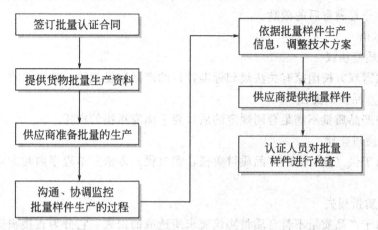

6.3.2 来料抽检缺陷率＝抽检缺陷总数/抽检样品总数×100%。

6.3.3 来料在线报废率＝在线生产时发现的来料总报废数/来料总数×100%。

6.3.4 来料免检率＝来料免检种类数/供应商供应品种数×100%。

7. 供应质量认证评估

7.1 供应商绩效评估

供应商绩效评估参照《供应商绩效评估制度》执行。

7.2 认证人员绩效评估

认证工作完成后，采购部等参与认证的部门，会同人力资源部对参与认证的人员进行绩效考评。按照公平原则和绩效评估的结果，给予认证人员相应的奖惩。

7.3 调整采购环境

7.3.1 采购部根据供应商绩效评估的结果，调整企业的采购环境和供应链，以保证采购货物适时、适质、适地、适量、适价的供应。

7.3.2 采购环境通过《货物采购环境表》进行控制。

四、产品质量赔偿和激励管理办法

 产品质量赔偿和激励管理办法

1. 目的

为提高产品质量，落实产品质量责任，保护供需双方的合法权益，特制订本办法。

2. 适用范围

适用于本公司所生产产品，供、需方质量责任的划分，以及产品质量责任赔偿和需方非常满意后的激励。

3. 术语

3.1 质量协议

指供需双方按国家有关法规和标准签订的产品质量契约，是合同的一部分。

3.2 产品质量责任

指因产品质量不满足合同规定的质量要求而应承担的责任。

3.3 质量赔偿

指由于供（需）方的产品质量责任，需（供）方依照本程序向对方索赔损失的过程。

3.4 质量损失

指由于产品质量不符合质量协议要求所造成的损失。它分为直接损失和附加损失。

3.5 直接损失

指不合格品本身和由其引起的相关产品报废的损失。

3.6 附加损失

指不合格品流入需方生产过程中到被发现所造成的连带损失，即质量损失中除直接损失以外的损失。

3.7 标准价

指本公司现行的产品结算价格。

3.8 非常满意

需方对供方产品质量、价格、服务、交货期进行定期评价，凡连续半年或一年（由需方根据生产经营情况确定）被评为优秀供应商，则表示需方对供方非常满意。

3.9 质量激励

需方对供方非常满意，需方给予供方优惠政策或奖励资金的行为即为质量激励。

3.10 需方

本公司需要零件、总成、整车的单位。

3.11 供方

供应零件、总成、整车给需方的单位（包括本公司内部和外部的生产厂）。

4. 职责

4.1 总则

供需双方应全面贯彻落实国家有关法规、标准和本公司质量方针，开展以经济赔偿和质量激励为特征的用户满意活动，建立有效的质量保证体系。

4.2 供方的职责

4.2.1 供方必须与需方签订《质量协议书》。

4.2.2 供方必须按照合同（包括《质量协议书》）要求组织生产，为需方提供合格产品。

4.2.3 供方要明确产品质量保证期和服务承诺，承担产品质量保证期限内的产品质量责任，赔偿相应损失。同时，应做好出厂产品的服务工作，建立定期会签制。

4.2.4 供方有权就需方不履行合同以及由于需方的责任给供方造成的损失提出索赔或申诉。

4.3 需方的职责

4.3.1 草拟需供双方《质量协议书》，并主动与供方正式签订。

4.3.2 需方按质量协议中规定进行进货检验。

4.3.3 需方应及时记录和反馈供方产品在生产过程中的质量信息。并承担不合格品标识、保管不符合要求所造成的损失。

4.3.4 需方有权就供方不履行合同以及供方责任所造成的损失提出索赔。

4.3.5 出现下列情况之一时，需方有权调整合同中供货比例，直至向生产部建议取消合同，开发新点。

（1）进货检验连续三批判为不合格或年度累计大于10％批次不合格。

（2）由于供方的产品质量责任导致发生公司级质量事故。

（3）由于供方的产品质量责任，虽经赔偿，但采取纠正措施不力，导致质量问题重复发生，或用户反应强烈。

4.3.6 需方对非常满意的供方，有权实行或不实行质量激励。

4.4 有关职能部门的职责

4.4.1 财务部负责质量赔偿和质量激励费用的结算与质量成本统计。

4.4.2 销售服务部门代表用户就产品质量责任向公司索赔，公司采购部向责任的供方索赔。

4.4.3 生产部负责监督本程序的贯彻执行；并负责组织质量赔偿争议的有偿裁决。

5. 工作流程及控制要点

5.1 供需双方质量赔偿和质量激励的相关原则和规定

5.1.1 不合格品处理原则。

（1）查清质量问题的原因，确定可能对用户造成损失的程度。

（2）采取应急措施，使损失和不良影响降到最低限度。

（3）分析原因，积极采取纠正和预防措施。

5.1.2 质量赔偿原则。

（1）赔偿在供需双方（即上下工序）之间进行。

(2) 按质量赔偿责任划分原则，可向分供方实行转嫁索赔。

(3) 发生不合格经供需双方确认的原则。

(4) 让步降价原则。

(5) 重复发生，加大赔偿比例原则。

5.1.3 质量赔偿项目责任。

(1) 进货检验时不合格，退货或现场挑选、返工，全部损失由供方承担。

(2) 让步产品，需方承担标识（或必要时可追溯性标识）和记录管理不善所造成的损失；供方承担让步降价损失。

(3) 接收检验时判为合格的产品，在需方生产过程中发现的不合格品进行如下处理。

① 全检或全项抽验时，直接损失由供方承担，附加损失由需方承担。

② 分项目统计抽验时，直接损失由供方承担，附加损失分为：当部分统计抽验项出现不合格时，附加损失由需方承担；当非统计抽样项出现不合格时，附加损失由供方承担；定期内验证的项目出现不合格时，附加损失由供方承担；超出定期时间内验证项目出现不合格时，附加损失由需方承担。

(4) 产品、工艺设计或更改所造成的质量损失由公司设计、更改部门负责赔偿。

(5) 在产品入库验收和售时、售后换件的产品质量赔偿，属于装调质量，由产品总装配方负责赔偿，非装调质量赔偿，由质量责任方负责赔偿（质量责任方：制造、运输责任为供方，保管责任为需方）。

5.1.4 质量激励。

(1) 依据以需方每月对供方质量的统计台账和需方每月对供应商的评价记录为基础。

(2) 方式

① 优惠政策激励：a. 给供应商升级，增加订货比例；b. 比其他供方优先付款；c. 优先安排新产品。

② 一次性奖金激励。

5.2 质量赔偿项目、费用标准及质量激励标准

5.2.1 直接损失（Z），按产品报废损失（Z_b）计算。

产品报废损失费(Z_b)＝不合格品数×(单件不合格品报废价值＋相关产品报废价值)

经济赔偿后，实物原则上返回供方，但需方要采取标识，防止再次流入需方。

5.2.2 附加损失（F），$F=F_f+F_c+F_j+F_t+F_y+F_z+F_x+F_s$。

(1) 返工费（F_f） F_f＝不合格品数×单件返工时×10元/(小时·人)。

(2) 材料消耗（F_c） F_c＝不合格品返工的辅助材料数×标准价×110％。

（3）加工损失费（F_j） F_j＝不合格品数量×单件工时×单件加工工时费。

（4）停工损失费（F_t） F_t＝不合格品数量×单件停工工时×单件停工工时费（按额定生产产品工时计算）。

（5）验证费（F_y） 裁决供需双方产品质量赔偿争议而进行调查、取证、分析等所发生的费用（此费用由败诉方承担）。

F_y＝产品质量检验和试验费＋调查人员工时费＋调查人员差旅费［工时费按30元/(小时·人)，差旅费执行公司出差人员有关规定］

（6）退货产品保管和占地费用（F_z） 凡退货品，一经确定，供方应在3天内从需方现场拉走，否则，需方有权收取保管和占地费。如果供方10个工作日后仍不处理，需方有权处理。

F_z＝50元/(批·天)(小件或小批量)＝100元/(批·天)(大件或大批量)

（7）信誉损失费（F_x） 由于供方产品质量责任发生质量事故，或导致用户投诉，影响公司质量信誉所要求的赔偿。

F_x＝责任事故处理费＋声誉损失费(根据影响程度需方挽回损失所发生的费用确定)

（8）用户索赔费（F_s） 由于不合格品流入市场，引起用户赔偿的费用（按本公司用户索赔技术鉴定单计算的费用）。

5.2.3 让步降价：进货检验时不合格而让步接收产品，其结算价格根据让步级别在公司标准价基础上降价。其降价幅度：公司级让步降价幅度15%～40%；分厂级让步降价幅度5%～30%。

5.2.4 重复发生，加大赔偿比例：重复发生的不合格，其质量赔偿要在质量损失的基础上考虑重复发生系数K。

$$质量损失＝K(Z+F)$$
$$＝K(Z_b+F_c+F_j+F_f+F_t+F_y+F_z+F_x+F_s)$$

式中，K＝1.5或2.0，首次重复K＝1.5；两次重复K＝2.0。

5.2.5 赔偿费用的统计方法。

$$总赔偿费用＝(Z+F)K \quad (第一次发生时，K＝1)$$

5.2.6 质量激励标准。

（1）需方非常满意标准 供方供货产品一年内无质量问题或供应商评价连续12个月为优。

（2）激励政策和一次性奖励金额

① 供应商升级或增加订货比例；

② 比其他供应商优先付款；

③ 优先安排新产品；

④ 在以上三条均已实施后，供方仍保持需方非常满意1年以上，需方授予

供方本年度优秀供应商称号，并发给适当的奖金。

以上由需方根据生产经营状况逐条依顺序进行。

5.3 工作流程

5.3.1 签订质量协议。

（1）公司作为需方与供方协商确定产品质量协议书，明确产品质量要求、验收依据、抽样方案、抽样项目、验收设备、拒收条件等内容。

（2）协议书一旦签订，双方必须严格遵守。如在执行过程中一方认为需要修改，必须供、需双方协商同意后，方可更改《质量协议书》。

5.3.2 质量赔偿确认和不合格品处置。

（1）质量赔偿确认可随时或定期进行。"定期"是针对一般的、少量的不合格品所造成的损失，供方应按要求定期进行确认会签；"随时"是针对质量事故或批量不合格品，供方应在3个工作日内完成确认会签。

（2）供方到现场确认包括对质量问题、不合格数量以及所要发生的质量索赔费用确认。在索赔发生前的争议，原则上由需方处理。

（3）确认应在需方发出通知后3个工作日内完成，3个工作日后若供方仍不到现场确认，需方可视为供方无异议，继续以下流程。

（4）不合格品需方负责标识，供方负责处理。

5.3.3 质量赔偿单据的传递。

（1）凡发生质量责任索赔，由索赔方填写《质量赔偿单》并提供相应证据，由被索赔方会签（公司内供方需加盖章），或超过会签日期（4个工作日）视为无异议，4个工作日后由索赔方提供相应证据经公司生产部确认盖章直接将《质量赔偿单》交股份公司财务部。有争议的按5.3.4处理。

（2）《用户索赔技术鉴定单》由销售服务部门负责收集、整理和信息传递，分公司按反工艺路线，执行索赔程序，原则上销售服务部门应将需要索赔的产品的旧件返回。

5.3.4 产品质量赔偿申诉与裁决。

（1）按照"用户至上"的宗旨，以事实为依据，以法律、标准为准绳的原则，实施产品质量赔偿申诉与裁决。

（2）申诉。

① 供（需）方收到需（供）方索赔单后，如有异议可在2个工作日内与需（供）方协商解决。

② 供（需）方与需（供）方协商无结果可向需（供）方和生产部同时提交《质量赔偿申诉书》，并提供足够的证明材料和依据。

（3）裁决。

① 生产部收到《质量赔偿申诉书》后，应立即组织有关人员调查分析，在

10 天内作出裁决，对复杂的产品质量申诉可延长至 30 天，并用《质量赔偿裁决通知书》通知申、应诉方。

② 申、应诉方收到裁决通知书 3 个工作日内没有在裁决通知书上签字反馈，生产部可将裁决通知书送财务部执行质量裁决。

③ 申、应诉方收到裁决通知书后仍有异议，可于 3 个工作日内向生产部反馈，再次申请复议。复议工作由生产部提请召开公司质量委员会专家会议，进行复议裁决，复议裁决为最终裁决。

（4）质量赔偿裁决的败诉方应承担处理申诉裁决发生的所有费用。

5.3.5 质量赔偿费用管理。

（1）对于公司内部的子公司采用现金结算，分公司所属工厂采用内部银行结算。

（2）公司内部单位与外部单位发生的质量索赔损失（含返工费、验证费及其他索赔损失），由财务部依据索赔单扣减责任单位货款。

（3）经裁决的质量赔偿，由财务部按《质量赔偿裁决通知书》执行。

（4）质量赔偿费用按如下原则使用。

① 产品报废损失费 Z_b、材料消耗费 F_c 在需方生产成本中列支，但须由需方在预算限额中自由消化。

② 返工费（F_f）、加工损失费（F_j）、场地占用和保管费（F_z）以及停工损失费（F_t）用现金支付给需方作为劳务补偿。

③ 验证费（F_y）、事故处理费、用户索赔费、让步降价和声誉损失费在有关费用项目中列支。

5.3.6 质量激励。

（1）质量激励由需方按 5.2.6 标准以及生产经营状况确定。一旦确定进行质量激励，由需方填写《需方非常满意通知单》，交供方和财务部。

（2）政策激励和资金激励主要由需方实施。资金由财务部从有关费用项目中给供方予以兑现，如质量激励基金不够支付，从需方生产成本中开支。

6. 记录

（1）内部质量赔偿单。

（2）质量赔偿申诉书。

（3）质量赔偿裁决通知书。

（4）____月质量损失汇总表。

（5）用户索赔技术鉴定单。

（6）需方非常满意通知单。

五、采购件质量索赔管理办法

采购件质量索赔管理办法

1. 目的

本管理办法规定了本公司对供方进行质量索赔的项目、程序、申诉和裁决等内容。本管理办法中质量索赔为通用索赔准则。如与供方签订了质量协议,则具体按质量协议进行。无质量协议按本管理办法执行。

2. 适用范围

适应于公司内所有外协件供方。

3. 定义

3.1 质量协议:与供方按照国家有关法律规定和标准规定签订的产品质量合约,是采购合同的一部分,也可独立签订质量协议,并具有同等法律效力。

3.2 批量质量问题:同品名或同批次不合格采购产品的数量大于或等于交检数量的____%时,即为批量质量问题。

3.3 质量损失:指因不合格所造成的损失,包括直接损失和附加损失(包括无形损失)。

4. 职责

4.1 营销部:采购部对本管理办法进行归口管理,负责采购合同、质量协议的起草签订及进货产品质量信息的传递,负责不合格品索赔处理等工作。

4.2 品质部:负责质量技术标准文件的确立,采购产品的进货检验及不合格品的处理仲裁,对不合格品具有最终裁决权。

4.3 生产车间:负责提供因采购产品造成的停工/返工/返修记录,并组织实施不合格品的返工/返修工作,协助采购部进行不合格品的索赔工作。

4.4 财务部:负责办理质量索赔费用的财务结算手续。

5. 程序

5.1 公司各部门在处理采购不合格品应遵循以下原则

5.1.1 采取应急措施,确保我公司生产延续性,使供需损失尽可能最小。

5.1.2 采取纠正预防措施,确保同样的质量问题不重复出现。

5.1.3 认真分析质量不合格原因,确定对可能给主机厂和我公司造成的损失程序基础上,尽可能减少供需双方损失。

5.1.4 对发现的不合格品,必须及时反馈、处理。

5.2 质量索赔原则

5.2.1 不合格品证据,必须经供应商书面确认的原则。

5.2.2 不合格品处理,应在考虑国内工艺水平级对主机厂损失程序基础上,尽可能减少供需双方损失。

5.2.3 在保证质量及生产进度基础上,尽量采取让步降价接受的原则。

5.2.4 重复发生,加大赔偿比例的原则。

5.2.5 特例原则

5.3 质量赔偿责任划分

5.3.1 进货检验时的不合格品:退货或现场挑选/返工/返修,全部损失(直接损失、附加损失)全部由供应商承担。

5.3.2 对让步接收的产品,根据产品价值及不合格严重度,供应商承担____%~____%的损失赔偿,则挑选/返工/返修费用由我公司负担,挑出不合格品退供应商并由供应商承担退货损失(退货运费及不合格品金额),对让步接收产品,因我公司标识不清、记录、保管及仓储管理不善而造成的质量损失,由我公司相关部门负担,对非让步接收项目出现质量损失由供应商承担。

若因不合格品处理不当而造成额外损失,则由处理不当的责任供应商或部门承担。

5.3.3 进货检验时判为合格的采购产品在生产的过程中,发现不合格品时的处理:

(1)有存储期、存储环境及防护要求的产品。如在进货检验时合格,因存放或存储环境防卫不当造成的产品不合格则由我公司负担损失。

(2)工艺更改、技术要求更改所造成的不合格品则由我公司负担损失。

(3)特例:为满足市场急需或为大幅降低成本等经公司特许生产所造成的非符合性质量损失,由我公司承担损失。

(4)除以上三种情况外,所有生产过程中出现的不合格品损失全部由供方负责。

5.4 质量赔偿的依据

不合格品处理通知单、返工/返修通知单、停工记录单、检/试/化验报告、主机厂提供的不合格报告/索赔单,差旅费用单据等均可作为质量赔偿的依据。

5.5 质量索赔项目及标准

5.5.1 质量索赔项目:

(1)质量损失:采购产品本身不合格及由不合格品所造成的其他产品。

$$A=(不合格品×单价×数量+相关产品报废数量×单价)×1.2$$

(2)附加损失:$B=B1+B2+B3+B4+B5+B6+B7+B8+B9$

$B1$:返工(包括挑选)费=不合格品数量×单件返工工时×20元/小时

$B2$:辅助材料费=返工/返修所消耗的辅助材料数×单价×1.2

$B3$:停工损失费=停工人数×停工时间×20元/小时/人

$B4$:验证处理费:指处理不合格采购产品质量争议而进行验证、调查、取样、分析等发生的费用。按支付凭证如实计算。

$B5$:质量信誉损失费:因供应商责任发生质量损失事故或因采购产品质量引起主机厂严重投诉并影响我公司质量信誉,按质量事故或社会影响严重程度对供应商处以____~____元/次的罚款或取消供货资格。

$B6$:处理质量事故差旅费:为处理因供应商责任发生在主机厂内质量事故所发生的差旅费。

$B7$:用户索赔费:由于采购不合格品造成总成不合格,导致主机厂索赔所发生的费用。

$B8$:交付延期损失费:因供应商原因导致采购产品交付延期,且造成我公司生产秩序受影响时,按以下标准进行索赔(说明:采购周期以双方确认交期为准,对少数采购周期的交付时间,不追究供应商延期责任)。

① 导致缺件/缺陷下线而被迫调整生产计划,按____~____元/次索赔。

② 导致我公司发货延期,甚至招主机厂投诉,按____~____元/次索赔。

$B9$:总成件损失费:因供应商原因导致总成产品不合格,按总成成本价×1.5倍×不合格数,本项仅对重要零件有效。

5.5.2 让步接收:

(1)原则上让步接收根据不合格严重度及产品价值作降价____%~____%处理。

(2)对新产品开发/新供应商开发量产确认前或为大幅度降低成本,在认可国内工艺水平基础上而出现不符合质量要求的不合格品,经采购部经理批准,允许让步接收而不降低单价。

(3)对让步接收的产品,供应商不再负担挑选工时/返工/返修等费用,但对在生产中挑出的有不可返修缺陷的不合格品,退供应商并由供应商承担退货损失(退货运费及不合格品金额)。

如让步的产品在主机厂出发生不合格,则根据实际情况承担 5.5.1 中的 B5、B6、B7、B8、B9 项损失。

(4)对进货时检验判定为不合格品批,如不影响生产,可作退货处理,如我司生产急需,供应商必须无条件接受我司作让步接收并承担损失(降价损失及可能产生的 B8 项交付延期损失费)。

(5)让步接收需经供应商书面同意,供应商应在接到我司让步接收通知 2 个工作日内做出回复,否则逾期回复作同意让步接收处理。

5.5.3 进货检验时判为合格的采购产品在生产过程中发现不合格或在主机厂处发生不合格时处理:供应商负责直接损失 A+附加损失 B。其中附加损失 B 项中的分项计算按实际发生的损失项计算。

原则上:对供方不合格程度较轻的产品,为保证我司延续性或简化索赔手续,可让步接收的,优先按 5.5.2 让步接收规定做让步接收处理。

5.6 质量协议的签订

5.6.1 品质部负责质量协议的起草与签订,质量协议需经总经理批准并盖章后生效实施。其中技术标准文件需经技术质量经理签名批准。

5.6.2 质量协议是采购合同是不可分割的部分,是我公司处理采购产品不合格品的依据,是采购合同的附件,具有法律效力。

5.6.3 质量协议经签订后由采购部负责组织实施,品质部对外协件质量判定提出书面证据,对质量纠纷负责作最终裁决。

5.7 质量索赔与申诉

5.7.1 质量索赔单据的办理与传递:

5.7.1.1 因采购产品不合格在生产部门发现,或需生产部门返修、返工的,则由生产部门提出索赔,并提供相关证据,(返工/返修单等)交采购组,由采购部会同品质部取证并通知供应商,赔偿费用按本标准计算后,以"不合格品处理通知单"形式书面向供应商提出索赔。

5.7.1.2 在进货检验时发现不合格品,由品质部以"不合格品通知单"形式通知采购组,采购组根据生产情况作退货、让步接收、返工、返修等处理,并根据本标准计算赔偿费用。

5.7.1.3 所有不合格通知或反馈单必须在 1 个工作日内提交采购组,并保留相关实物、证据等。

5.7.2 供方在接到质量索赔单后,如有异议应在 2 个工作日内提出,并与采购部协商,否则视作同意处理。

5.7.3 供方对质量判定有异议时,可书面向采购部提出,由采购部向公司品质部申请重新判定,必要时会同供应商一起进行。

5.7.4 不合格品通知单由采购业务经办人提出,营销部经理审核,总经理批准,并经供方签名确认后生效。

5.7.5 对 5.3.3 条(2)(3)款不合格品减免索赔,由采购业务经办人提出,营销部经理审批生效。

5.8 质量索赔结算

经办理完毕的不合格品通知单,正本原件交财务部保管,采购部以复印件存档。

所有质量赔款在货款中扣除,财务部开具 17%增值税发票。

6. 质量记录

6.1 不合格品处理通知单。

6.2 不合格品减免索赔通知单。

六、采购质量协议书

质量保证协议范例

甲方:某电器有限公司

乙方:

乙方为甲方提供 SW 产品用的_____

双方本着"互惠互利、共同发展"的原则,为确保产品质量的稳定和提高,特签订本协议。

一、乙方为甲方提供的_____

质量应满足以下部分或全部要求。

1. 双方签订_____。

2. 甲方提供的技术标准_____。

3. 甲方提供的图纸_____。

4. 其他补充要求_____。

二、乙方对出厂的产品应对以下项目:

_____

_____

_____

进行全程把关,每批产品并向甲方提供(用打√的方法选取):

( )检验合格合格证

( )检测报告

( )有关检验原始记录

( )型式试验报告(每年)

三、甲方对乙方提供的产品质量验收,采用全数据检验或抽样检验两种方法。

1. 全数检验,不合格率(P_1)_____。

2. 抽样检验:_____。

抽样方案：_____。
合格质量水平：_____。
抽样检验批不合格率（P_2）：_____。

四、甲方对乙方产品不合格品的统计范围，应为甲方进厂检验时发现的不合格品、生产过程中发现的不合格品和售后发现的不合格品的总和。

五、产品进货检验全数检验不合格率（P_1）和抽样检验批次不合格率（P_2）的计算方法。

1. 全数检验

$$P_1 = \frac{\text{进厂检验判定的不合格品数}}{\text{交验产品总批数}} \times 100\%$$

2. 抽样检验

$$P_2 = \frac{\text{季度抽查不合格批数}}{\text{季度抽查总批数}} \times 100\%$$

六、产品进厂验收的检验判定依据为：_____。

七、质量保证。

1. 乙方应按甲方的要求，并参照 ISO 9000 系列标准建立并保持文件的质量体系，不断提高质量保证能力。

2. 甲方在需要时确认乙方提供的产品在制造过程中的质量保证体系及质量保证的实施状况时，征得乙方同意后可进入乙方进行质保体系调查。

3. 如果乙方将甲方所需的产品全部或部分委托给第三方制造时，甲方有权提出进入第三方调查其质量保证能力，乙方应予积极协助。

八、为促进乙方的产品质量稳定和提高，甲方根据双方确认属乙方质量责任的不合格品时，采取以下经济措施。

1. 被判为整批不合格的产品应及时通知乙方，经甲方作出可否回用的判定。被判为可回用的产品需办理回用手续并按降级处理，甲方将扣除该批产品总价值的_____%；被判为不可回用的不合格品甲方有权作整批退货，并收取乙方该批产品价值的_____%作检验费和误工费。

2. 合格批中的不合格品甲方除退货外，还收取乙方退货价的_____%作检验费与误工费。

3. 如因整批不合格退回，乙方不能及时再次提供合格品，甲方因此停产造成的一切损失，乙方必须负全部责任。

4. 乙方为甲方提供的产品、原材料、零配件的制造工艺发生改变时，必须事先通知甲方，征得甲方同意；否则由此造成的一切损失由乙方承担。

5. 如果乙方产品质量连续两个月达不到本协议规定的质量水平，或发生重大质量问题，除执行本协议的有关条款外，甲方有权减少乙方的供货量或终止合同，取消定点资格。

九、因乙方提供的供品出现质量问题造成重大事故，按国家质量法处理。

十、其他补充条款＿＿＿＿＿＿＿＿＿＿＿＿＿＿＿＿＿＿＿＿＿＿＿＿＿
＿＿＿＿＿＿＿＿＿＿＿＿＿＿＿＿＿＿＿＿＿＿＿＿＿＿＿＿＿＿＿＿＿
＿＿＿＿＿＿＿＿＿＿＿＿＿＿＿＿＿＿＿＿＿＿＿＿＿＿＿＿＿＿＿＿＿

十一、当甲、乙双方认为协议条款需要变更时，由双方协商重新签订协议。

十二、本协议未签事宜，由双方共同协调解决。

十三、本协议一式四份，各执两份，经双方签字盖章后生效。

七、产品（服务）品质保证协议

产品（服务）品质保证协议

甲方：＿＿＿＿＿＿＿＿＿＿＿＿＿＿＿＿
乙方：＿＿＿＿＿＿＿＿＿＿＿＿＿＿＿＿

1. 范围

甲乙双方本着真诚合作、共同发展的目的，为了保证乙方向甲方提供高品质的产品和服务，满足甲方的品质要求，避免因产品品质或服务问题造成损失，双方在乙方供货品质要求方面达成一致共识，经双方友好协商签订本协议。

本协议适用于所有乙方对甲方进行供货产品。

本协议经双方法定代表人或委托代理人（委托代理人乙方是品质或销售负责主管领导，甲方是品质主管或更高层领导）签字、盖章之日起生效（除非重新签订新的协议），双方各执一份，效力相同，适用于采购合同签订。

乙方应依据本协议及采购合约之具体要求，严格进行有效的合同评审。若有任何品质疑问或不明确之处，请及时与甲方对应接口人员取得联系以得到书面确认，任何口头协议甲方均不予承认。

如甲、乙双方在执行本协议出现分歧时，双方愿意接受甲方所在地人民法院的仲裁。

2. 引用标准

双方若在以下标准出现更改应以受控文件的形式及时通知对方。

文件名称	受控编号、版本号	标准类别

注：标准类别选择国家标准、行业标准、国际标准、甲方企标、乙方企标。

3. 定义

3.1 产品的一致性：指批产品之间在原材料、工艺、生产设备一致性基础上保证与认定样品或小批量在外观、性能和可靠性方面表现出的一致性，特别在不可量化测量的指标方面应保证产品的一致性。

3.2 交货批：每个代码、每个合同号、每次交货计一个交货批。

3.3 批不合格：某个代码、合同号交货批产品品质不符合本协议任意条款要求，并属于乙方责任，则判定为批不合格。

4. 产品性能、可靠性品质要求

4.1 乙方承诺，所提供产品性能、可靠性品质符合(可多选)：

☐ 加工图纸、资料要求

☐ 相关法令、法规要求

名称/编号：

☐ 乙方产品企业标准(应提供甲方)要求；(或贸易商提供制造厂商的技术手册等)

标准文件名称：_____ 编号：_____

☐ 直接引用对应物料的国际、行业、国标技术标准要求：

标准文件名称：_____ 编号/版本号：_____

4.2 乙方承诺，提供产品安全性、可靠性符合以下要求：

(1) _____

(2) _____

(3) _____

5. 外观品质、包装、标志等要求

5.1 外观品质要求。

5.2 产品包装、标志等要求。

5.2.1 乙方提供产品应严格根据产品特点制订相应的包装标准(列出文件名称：_____)并遵照执行，以保证产品规定使用和储存期内，达到防静电、防湿、防震、防霉、防野蛮装卸等标志及相关保质要求。

5.2.2 产品外包装上应标明：供方名称/标志、产品型号规格、内装数量、生产日期/批号和定单号；每个最小包装上须贴外标示，以方便甲方鉴别追溯，内包装标示与外包装标示类同；单个产品上也应有厂家独特标识(说明：_____)。

5.2.3 元器件生产批次标识要求：

5.2.3.1 所有元器件应明确标明生产批次信息，即在元器件内、外包装上表明生产日期(格式：以年、月或年、周表示，但必须明确是年、月或年、周)，而非交付日期；不同生产批次不应混装。

5.2.3.2 如一个送货批中有两种以上生产批次，应在送货单或外包装清单上明确列出批次和数量，内包装内只能是一个生产批次。

5.2.3.3 乙方还应将有关生产批次信息代表含义形成文件提供甲方(适用时)。

例如：某供方的批次信息为"7140202"，代码含义如下。

(1) 第一位符号"7"——生产地(工厂)

(2) 第二、三位符号"14"——年份(2014年)

(3) 第四、五位符号"02"——周数(2014年第2周)

第六、七位符号"02"——生产班别(第 2 班组)

6. 产品的一致性要求

6.1 甲方向乙方批量采购新产品前对样品进行认定,乙方应出示由权威机构出具的有效的检测证明报告。

6.2 乙方应确保批量产品品质与样品品质保持一致性,必要时双方可封存样品,如双方封样后发生的品质纠纷,应以样品的品质要求为准。

应明确以下过程要求:

乙方主要关键原材料(可能影响产品品质或适用性)	供货品牌/供方

6.3 当乙方在开发、设计或制造(包括关键原材料)等过程出现重大更改(包括某提供产品停产)时,应以书面形式及时(提前 3 个月)通知甲方确认,同时应给出产品替代说明及下一阶段的供货计划,否则应承担相应经济损失。

6.4 乙方定期(□每月;□每季度;□每 6 个月;□每 12 个月)对其产品进行型式试验和可靠性评价试验并将试验结果呈送甲方品质部。同时,每个交货批产品应附出厂常规检测报告。

6.5 乙方应按时、按量、按品质要求完成样品制作、小批量生产,否则,应承担可能出现的调货经济损失。

6.6 乙方须确保所提供产品之品质符合甲方的需求(甲方所采取的抽样计划为 MIL-STD-105E(II),AQL 为:CRI=0,MAJ=0.25,MIN=0.65),当发生产品品质异常时,乙方须积极配合甲方执行换货、全检等应急措施,否则,如因此而导致甲方生产线停线、工时损失、延期交货等状况,所产生的一切损失,将由乙方承担。

6.7 甲方验收合格不能免除乙方提供可接收产品的内在品质责任,也不能排除其后可能出现产品与要求不符合导致甲方拒收或追究乙方责任。

6.8 乙方所提供产品生产日期距交货日期不应超过半年或二分之一保质期(取最小者),产品名称:

保质期:_____,储存条件:_____。

6.9 为提高合格率,乙方应制订并实施逐级内控标准,严格执行最终检验和试验程序和/或库存复查程序,以确保交货品质。

6.10 经甲方承认之产品,乙方如进行任何变更,必须事先申请经甲方同意,并经甲方工程重新承认后方可交货。否则,产生任何不良后果,将由乙方承担。为维护甲方权益,甲方保留对违反此项而进行经济处罚的权利。

7. 技术、品质保证体系要求

7.1 乙方应建立适宜、有效的品质保证体系和技术管理体系,在品质保证体系方面应符合 ISO 9000 质量管理体系认证要求。

7.2 甲方将按年度稽查计划对乙方技术、品质保证体系进行核实,必要时增加即时审查,乙方应提供有关资格认定的文件和资料。

8. 退货(包括维修、更换等)

8.1 乙方所提供产品不符合本协议中的任一条款或规定品质要求,甲方可提出退货,乙方应当接受并承担由此带来的损失。

8.2 乙方承诺,定货后可提供总量的____%货品作为维修的更换备品,存放甲方处以备维修。不影响用户使用。

8.3 当乙方所提供货品在甲方被判定为拒收时,乙方必须于7天内至甲方办理退货手续,将货品运回,否则,甲方可任意处置该批货品(含报废等)。

9. 服务

9.1 乙方承诺,可以提供技术支持主要方式和内容:

□ 当甲方选用乙方品牌产品时,乙方应及时提供甲方相关技术支持。

□ 甲方技术认证工作所需乙方相关产品技术资料、品质证实资料等信息,乙方应无偿提供。

□ 对甲方提出的技术支持及培训方面的需求,乙方应在4小时内响应。

□ 乙方为甲方设置的技术支持及服务解答热线电话为:_____;联系人为:_____。

9.2 当乙方产品于甲方出现品质问题时,乙方必须积极配合处理,须在4小时内响应(紧急措施),并在1个工作日内回复改善对策。

10. 对出现供货、品质或服务问题向乙方的索赔和处罚标准

10.1 乙方必须按照甲方规定之包装方式进行包装及标示,如出现包装不符者,甲方扣除当批货款的____%作为额外管理补偿。

10.2 乙方所提供货品如在甲方出现品质问题,而甲方急需使用,并经甲方MRB评审为甲方厂内加工/挑选时,甲方将以____元/小时,自乙方当月货款中扣取甲方损失工时费。

10.3 当同一品质问题(含IQC批退及甲方后流程投诉)在甲方半年内(自第一次开始统计)出现3次以上时,甲方将自第四次开始,每次罚款____元。

10.4 乙方所提供货品连续两月于甲方IQC检验中,不合格批率超过____%时,甲方将酌情处以____~____元罚金,并自乙方货款中扣除。

10.5 针对甲方所发出之纠正报告,乙方必须按规定及时响应及回复。未按时回复一次,罚款50元RMB;拒不回复一次,罚款____元。

10.6 乙方应确保其产品之内在品质,如因乙方产品品质问题,造成甲方制程返工、客户退货或客户索赔,所发生之一切损失将由乙方承担,且甲方保留对乙方进行经济处罚之权利。

10.7 对乙方任何以次充好,在提供甲方资料上弄虚作假或单方面擅自变更已经甲方承认产品之行径,甲方均理解为商业欺诈,一经发现,乙方应接受至少____元的扣款作为甲方的风险补偿。

10.8 针对甲方所反馈之品质问题,乙方必须积极改善,如乙方确有能力改善,不可以消极推委、或以涨价、拒不交货相威胁(或实质上涨价或拒不交货),否则,每发生一次,乙方应接受自其货款中扣除至少____元作为补偿。

10.9 对于甲方要求提供之品质检测报告/其它技术资料,乙方必须及时如实提供,否则,每未按规定提供一次,处罚____元。

10.10 针对违反本协议之其它条款,而在此条款未予以说明者,甲方将酌情追究乙方之违约责任。

11. 供方更名管理

"供方名称、合同名称、开票名称"三者必须一致!

> 供方名称不得变更,特殊情况需要变更,供方必须提前书面知会甲方,且供方在此承诺更名手续完全符合国家法律、法规要求,以及由此引起责任供方应全部承担,同时供方应向甲方缴交必需的风险赔偿金。
> 更名后公司应履行旧公司曾经对我公司的一切责任和义务。
> 12. 本协议的更改
> 甲方可以根据自己对品质改进的要求随时同乙方协商增加品质要求内容或修改品质指标。更改内容附于本协议之后。本协议是采购合同一部分,与所订采购订单同时生效。
>
> 签订双方签字盖章:
> 甲方: 乙方:
> (盖章)   (盖章)
> 委托代理人(签字):   委托代理人(签字):
> 联系方式: 联系方式:
> 签订日期: 签订日期:

第十章 采购结算与付款管理制度

一、采购货物(工程劳务)合同、付款及发票管理制度

> **采购货物(工程劳务)合同、付款及发票管理制度**
> 1. 目的
> 为规范公司各类采购货物(工程劳务)合同、付款及采购(或劳务)发票的管理,结合公司实际情况,制订本制度。
> 2. 适用范围
> 适用于公司采购业务。公司各类采购业务、工程劳务业务按实际情况不同分以下几种情况处理:
> (1)预付款业务。
> (2)货到付款业务。
> (3)以货易货业务。
> 3. 管理规定
> 3.1 财务对合同管理规定
> 公司各类货物采购及工程劳务业务均需签订合同(对于零星办公用品的采购,价值在____元以下的,凭经部门经理核准的采购计划单进行采购,不需订合同),具体规定如下:
> 3.1.1 合同的签订及审批
> 3.1.1.1 采购业务合同:公司生产用各类材料物资及固定资产的采购合同的签订应由供应部采购业务经办人经根据经批准的"采购计划单"及"采购合同价格申报单"进行。

"采购计划单"、"采购价格申报单"及"采购合同"按采购物资属性及价值不同由相应的领导审批：

（1）正常生产用直接原辅材料及机物料等低值易耗品采购由分管副总批准。

（2）技术改造、设备等固定资产采购，采购价值____万元以下的由分管副总批准，超过____万元的由董事长（总经理）批准。

（3）对于设立最低库存量的材料物资，由供应部提出《采购计划单》经保管员核实库存报分管副总批准后实施采购。

3.1.1.2 工程劳务业务合同：公司所有工程建设及设备安装、保暖、维修等接受劳务业务，应提前签订工程劳务合同及工程预算表。合同额在____万元以下的由分管副总批准，超过____万元的工作劳务合同由总经理批准。

3.1.2 合同内容填写要求

合同内容应按规范格式内容完整填写，合同中要特别约定发票事项（采购业务需分增值税专用发票与增值税普通发票，接受劳务需取得本公司主管税务机关许可的劳务发票，并注明出具时限为收货后1个月内寄达）、详细品名规格单价、结算方式、结算时限、费用承担及供应商（服务商）账号信息等内容。

3.1.3 合同的报送及执行

（1）合同报送：各类采购及工程劳务合同由公司各分管业务责任人负责签订，报分管领导核准后由业务经办人将生效的合同报送一份到财务部材料会计处存，同时实施采购。

（2）合同执行：所有采购合同业务均应由供应部实施采购，劳务合同由工程设备部执行实施，对于特殊情况下经总经理特批的采购（工程劳务）业务除外。财务部将按合同约定执行付款事宜，款项支付与否及支付方式原则上按合同规定正常办理。在付款时，除支付财务账面应付账款外，在提交用款申请的同时还应附有合同，对一次签订合同、同一价格多次进货的，在第一次进货时发票要附合同，在以后价格不变的业务发票后可不附合同，但要在价格发生变化时的第一笔业务发票后附有供货方的调价函（各类包装材料采购业务，供应部采购员应于每月5日前报一份经董事长批准的按不同供应商分材质、规格填列的各类包装材料采购价格表交财务部，作审核采购价格之参考依据。月中如有变化应及时列表经董事长批准后报至财务部备案）。

（3）财务部不受理涂改及未经公司董事长（总经理）或有权签字副总经理签批的合同。

3.2 付款管理规定

3.2.1 采购（往来）付款业务流程图：业务经手人持用款申请（含附件）→财务部往来会计核实→申请人分管领导签字→财务负责人签字→董事长（总经理）签批→财务出纳员付款。

（1）所有因采购货物、接受劳务的付款业务均需凭经核准的"用款申请"付款。"用款申请"由业务经办人出具，经财务部往来会计、部门负责人及分管领导审核，报财务及总经理审批后，按财务管理制度规定手续办理付款事宜。

（2）各采购业务经办人员应对所提交的用款申请中列示的收款人信息及账号的真实性、准确性负责，如因提供收款人信息不真实造成财务误付款，给公司带来经济损失的，由采购业务责任人承担责任；因用款申请中收款人账号信息错误造成退汇、退票的，该笔业务金融机构手续费由业务责任人个人承担，由此造成的误工误产及一切后果由业务责任人承担。

（3）所有付款业务的用款申请单，除第一次付款的新增供应商外，均需由业务经办人到财务部往来会计处查询并填写与收款单位账面往来余额情况后方可继续下一流程环节。

(4)业务经办人在申请正常业务付款时需持"用款申请"依上述签批流程图顺序依次履行签字手续,如因董事长出差不能及时签批的,经财务负责人签批后付款;如属特殊业务付款,则由业务部门负责人、董事长签批,最后交财务负责人审核后付款。

(5)出纳员在接到业务经办人交来的经财务负责人或董事长总经理批准付款的用款申请时,按实际批复的付款金额及付款方式付款,如果批复付款栏及批复付款方式栏为空的,按申请付款金额及付款方式办理付款手续。

3.2.2 预付款业务:无特殊情况,除采购生产急需材料业务外,其他预付款业务在未结算总货款或工程款前,不得预付全部价款。

预付款业务流程图:业务经手人持用款申请(含合同采购计划单等附件)→财务部往来会计核填账面往来余额→分管领导签字→财务负责人签字→董事长(总经理签字)→财务出纳员付款。

(1)预付款业务付款手续:业务经办人员出具经分管经理、财务经理及总经理、董事长批准的用款申请附合同书、采购计划单,到财务办理支付款项手续。

(2)对于预付货款的经济业务,各物资采购及工程劳务部门必须慎重把关,确保与供应商业务关系良好,合同正常执行。对于财务账面"应付账款"中连续半年出现未发生变化负数金额的业务单位,由各物资采购部门业务经办人负责将款项追回,以避免公司利益受到损失(预付工程款不在此内)。

3.2.3 货到付款业务:原则上必须先取得发票再付款,但在不超出财务规定的到票时间内付款的,按《财务管理制度—货币资金及承兑汇票管理制度》中的付款规定办理。具体如下:

货到付款流程图:业务经手人持用款申请(含附件)→财务部往来会计核填应付款余额→分管领导签字→财务负责人签字→董事长(总经理签字)→财务出纳员付款

(1)对货到付款、发票未到的规定:对于货到入库、发票未到,需按合同付款的,由业务经办人出具用款申请,报材料会计在付款申请单上标示验收入库单号或临时收料单号(注:入库单必须在付款之前传达材料会计处),及货款金额,并附"采购合同"。材料会计签名确认后报财务负责人审签、董事长核准后付款。对于含量待检的,原则上在未办理入库手续前(即入库单未传达财务前),财务部不受理该笔业务付款,特殊情况确需付款的需总经理特批(由财务认定)。

(2)对货到已验收、发票已到要求付款的(即账面应付款):货到验收入库,相关单据传递手续已完毕,并收到该笔业务发票的,要求该笔业务经手人对发票的内容(货物数量、价格、金额)进行审核,参照该业务入库单及合同等进行核对,确认无误后在发票右下角签章确认,将发票附入库单等单据交财务部,并按规定出具用款申请,交财务部办理付款手续;材料会计填账面应付供应商款项金额、申请部门负责人签字、财务负责人审签、董事长核准后付款。

(3)支付账面应付款:对于支付账面应付款的业务,由业务经办人开具用款申请单,填明申请支付金额,到财务部往来会计处核填账面应付金额,经财务负责人审核,总经理董事长签字批准后方可交出纳员办理付款手续。

3.3 付款方式及收据的取得要求

付款方式主要有现金、银行电汇、转账支票、银行承兑汇票等,为了规范开支的管理,防止产生不必要的损失和纠纷,款项的支付主要以银行付款或银行承兑汇票付款为主,原则上超过____万元的业务或经常性的供应商款项均以银行电汇、转账支票或承兑汇票支付,无特殊情况的均不能支付现金。对于付出的款项原则上均应取得收款方的收款收据,具体付款方式及相关要求如下:

3.3.1 现金付款：对于确需以现金支付的业务,在业务经办人员交来的经相关人员审核及总经理批准的用款申请后,视其具体情况分别处理:

(1)收款人派人上门收款的,公司业务经办人员(指采购员)对来人身份进行确认,财务部出纳员验证来人持有的对业务单位开具并加盖行政公章的介绍信或对方业务单位传真加盖行政公章或财务公章的委托收款证明(传真件证明中需注明来人姓名、身份证号、委托事项,并注明"本传真件与原件内容一致,具有法律效力"字样),经确认无误的,再办理支付手续在收款人点验货款无误后,直接开具收款收据后交出纳员。收款人要在收款凭据上注明"收款人:刘××"字样,并由出纳员填写该收款人的身份证号,特殊情况下经批准后可不需填写收款人身份证号。

(2)如果是要求公司将款项汇入收款人(指业务单位)指定卡号(或业务经办人提供的收款人卡号)的业务,在汇款前由公司业务经办人负责提供收款人出具的收款账号、户名并加盖盖有财务章(或公章)及收款方经办人签字盖章的"收款信息确认函"传真件,确认函要求注明"本传真件与原件内容一致,具有法律效力"字样。财务部收到符合要求的确认函传真件并经公司业务经办人签字确认后,方可汇款。在办理完汇款手续,收款人在确认款项收到后,由公司业务经办人负责:当日内将收款人开具的此笔现金业务的收款据的传真件交至公司财务部,并在汇款日起7日内(以银行业务单时间为准计算起始时间),将收据原件交至公司财务部。对于没有经过审批或有关人员越权审批的付款业务,出纳员不予受理。为控制公司资金风险,财务部对手续不全或有疑问的现金打卡付款业务有权拒付。现金打卡手续费由收款方承担,特殊情况经董事长批准的除外。

(3)公司派人带现金外出采购业务:除零星办公用品及低值易耗品外的现金,采购金额在____元以上的材料采购业务,需由总经理批准。由采购业务经办人提出用款申请,经核准后到财务办理现金借款手续(借款人应为采购业务经办人指定的公司员工),无特殊情况超____元的采购业务不得以此种方式进行采购。

(4)对于正常采购(或劳务)业务付款,因相关申请部门计划不到位、不及时,导致原可以电汇或承兑汇票支付的款项,而需要财务部以现金打卡方式加急支付的,财务部有权拒绝,对于董事长特批的此种情况下的付款,在保证手续完备,所支付款项安全的前提下,付款手续费由业务经办人(即付款申请人)承担,如果造成资金损失的,还要由业务经办人承担相应损失。

3.3.2 银行电汇付款：财务部凭业务经办人出具的经核准无误的用款申请中列示的收款人信息办理电汇付款业务。银行电汇付款可暂不要对方出具收据,但对同一供应商,既有现金付款、又有银行付款业务的,原则上,只要对方收款,就要出具收款据。

退汇重办业务：是指银行已办理电汇付款手续,因收款人信息填写有误或其他原因,造成正常电汇付款业务退汇,需要重新办理付款的。退汇重办业务按以下几种情况处理:

(1)收款单位提供收款信息有误的,由业务经办人负责重新出具用款申请办理付款。

(2)公司采购(或劳务)业务经办人工作失误造成退汇的,由责任人在退汇单上签名确认,并由经办人提供准确信息,重新办理汇款,同时该退汇业务的原付款手续费由责任人承担。

(3)出纳员个人工作失误退汇的,出纳员据退汇单重新填制电汇单办理汇款,同时,原汇款手续费由出纳员个人承担。

(4)因银行间业务划转不成功或其他非公司可控原因造成正常电汇付款退汇的,由出纳员在第一时间内报分管领导核销原电汇退汇单据并重新办理付款。

3.3.3 承兑汇票付款

(1)对于付出的承兑汇票,原则由收款单位派人上门收取,经财务部出纳员确认无误的,再办理支付手续,在来人对所收承兑汇票验查无误后,开具加盖收款单位财务专章的收据交出纳员(其他签字手续参照货币资金付款业务),且本公司业务经办人要在相应的原始付款凭证上签字确认。

(2)如收款单位派人上门收款,且来人未带收款据的,经财务部出纳员对来人身份确认无误后,再办理付款手续,在来人对所收承兑汇票验查无误后,开具收条(可由收款人在收条上注明"收据原件到后此收条自动转作附件",并在收条上填写 EMS 特快专递单号,注明"以收款方实际收到此特快件为开具收据之依据"),签字盖手印,财务部经办人当收款人面将汇票装袋以 EMS 特快邮寄给收款单位。

(3)如收款人不能上门收款,需以邮寄方式付款的(此方法存在很大风险,无特殊情况,财务一律不受理该付款方式),由采购业务经办人负责办理邮寄承兑汇票的财务登记手续,即在承兑汇票备查簿上对所支付承兑票号及金额签名确认,出纳员将需邮寄承兑汇票,当付款申请人面封好快递袋,并将 EMS 号填写在用款申请单申请人下方,再由付款申请人按收款单位传真的加盖财务公章的详细收件地址证明(证明内容含汇票金额、收件人姓名、收件地址、邮编、联系电话,并注明"本传真件与原件内容一致,具有法律效力"字样),填写快递单,交出纳员办理投邮(收款单位传真的收件地址证明交财务作此笔付款业附件。公司业务经办人应及时与收款人沟通,跟踪收款人对该快件的查收情况,并负责在承兑汇票邮寄之日起 15 日内将收款人开具的收款据原件邮至财务部出纳员处。

3.3.4 票据的背书:所有需支付的承兑汇票,原则上均应由出纳员据批准的用款申请单中列示的收款单位,在汇票"被背书人"栏填写收款单位全称并加盖我公司在银行预留印鉴后方可对外支付或特快邮寄。但对于公司自行从银行申请办理的承兑汇票(即应付票据),在支付给汇票列示的收款人之外的第三方单位时,原则上不能再背书(即不能回头背书),但出票银行及该汇票实际接收人许可可以背书的,则需要背书后支付。

3.3.5 对取得的原始收据的要求:

(1)对于现金、银行、承兑汇票支付业务,外来原始凭证原则上一律不得更改、涂抹,错开的原始凭证要重新开具。

(2)对于原始凭证内容或金额有误的,如未按规定改错的(即在错误处画线后,填写正确内容,并加盖出票单位财务章或改错人私章),或在同一处错误更改两次(含)以上的,出纳员一律不予受理;如出纳员收受不合规定的单据,发现一次处罚出纳员____元。

(3)对于确属特殊情况的,不合财务规定业务单据经董事长特批处理的,应有董事长在该单据上的亲笔签批说明。

(4)对于一笔业务款项同时以不同方式支付的,应根据实际付款方式及金额由收款单位分别开具收款收据,不能合开一张收据。

3.3.6 对单笔业务口径一致性的要求:

(1)每一笔业务,收款人、签订合同人及出票人、实际供货人必须一致。

(2)如果有特殊情况,经董事长、总经理特批的业务,签订合同人(即为公司提供劳务及货物人),在结算款项时,出具的发票与合同不符时,在签订合同时,应单独有合同补充说明,收款据必须用出发票人的收据,以免给财务工作造成混乱。

(3)如果是先预付款后来发票的业务,在结算时,发票出具人(以发票专用章确认)与收款人不符的,对前面已支付的数额,收款人应补足与原收款时间金额一致的出发票单位收款据,在补齐手续之前,财务将不受理该发票,并停止付款。

(4)如果预付款已全额支付后来发票的,由业务经办人负责催收发票,结算发票报送财务时间定为经济业务结束之日起30天之内。

(5)对一些业务频繁、单笔业务金额不大,在一定期间内,价格不变以业务,可按月结算开票。

3.3.7 超过规定时限未取得付款业务收据的处理:

(1)按单笔业务计算,每超期1天,给予采购业务经办人____元罚款,从工资中扣除,超过1个月未能取得收据的,停发业务经办人工资,直至财务部收到收据原件为止。

(2)如发现业务经办人有弄虚作假的,由业务经办人承担相应的损失,后果严重的追究法律责任。

3.4 财务部集中办理付款业务时间及付款时限规定

3.4.1 财务部受理现金、承兑汇票付款业务时间:每日上午7:30~11:00,下午自上班起至15:00;银行付款业务受理时间:每日上午8:30前受理需当日付款的"用款申请",上午8:30~15:00前受理次日付款的"用款申请"。由于工厂地理位置的特殊性,车辆紧张,财务部每日上午派专人到银行办理付款业务,下午不办。

3.4.2 具体的付款时限及责任划分如下:

(1)对于经核准可支付并已传递到财务部出纳员处的"用款申请"及其他各类报销及付款单据,如无问题,出纳员应按本制度规定的付款手续按受理用款申请时间的先后办理付款;对于"用款申请"在当日规定时限内提交至财务部的,当日办理付款手续,超时限提交的"用款申请",次日办理付款手续,无特殊情况,出纳员不得私自压单延迟付款。如果是以银行电汇付款的"用款申请",遇法定节假日、公休日的,付款时间顺延。对因资金紧张,超过2日未付款的"用款申请单"金额,出纳员应分报分管领导确定付款时间,并及时通知提交用款申请人,此处主要是指电汇及现金打卡付款方式支付的款项,如果收款方提交的相关证明手续不完备的,需待公司业务经办人协调提交完整的手续后方可付款,补齐手续前财务部不受理该用款申请。

(2)如属对方收款单位派到公司收取款项的,应由分管业务经办人负责协调财务部备款及收款方到公司收款准确时间,确保付款工作有序进行。

(3)对于特殊情况下,需加急支付的款项,业务经办人在提交"用款申请"的同时还应附有经核准的书面"加急付款申请",否则造成因迟付款而延误生产的,财务部不承担责任。

(4)如属出纳员工作不负责任延迟付款、错付款而给公司造成损失或故意刁难报销人、收款人的,发现一次处罚责任出纳员____元,给公司造成损失的还要按规定承担相应以济损失。

(5)如因业务经办人提交用款申请及相关证明材料不及时、不正确而造成财务错误付款、延期付款误工误产的,由业务经办人负责。

(6)正常情况下,如已批准付款的"用款申请",以实际签字核准日期计算,超过7日未交到财务部的,视同无效申请,财务部不再受理该"用款申请",再次付款需重新提交"用款申请",且原已签批的"用款申请"要交至财务部由出纳员加盖"作废"印章,作新办用款申请的附件。

(7)对于已核准支付的"用款申请",相关提交申请业务经办人要负责与收款人及时沟通其收款情况,对出现异常情况要及时与财务部沟通处理,确保公司各项经济业务正常进行。

(8)所有传递到财务部的"用款申请",均应进行单据传递记录登记。详细记录传递时间及所传单据信息,以明确责任,该传递记录不允许涂改。

3.5 各种情况下采购(或劳务)业务发票的规定

3.5.1 采购(或劳务)发票标准要求及处理:

(1)所有材料物资(含固定资产)采购业务原则上均应由供应商出具增值税专用发票(增值税专用发票进项税有效认证期为自发票开具之日起90天内),财务部不接收超过认证期的增值税专用发票,特殊业务不能出具增值税专用发票的经财务认可、总经理批准的可开具增值税普通发票;所有劳务业务发票均应由提供劳务人按实际业务内容出具符合本公司主管税务机关要求的发票。

(2)采购(或劳务)发票所开具的内容必需与实际业务内容(合同内容、入库单、数量、金额及与合同单价、劳务内容)相符,即货、款、票、合同相一致,否则,财务不接受该业务的结算发票。特殊情况经财务确认总经理批准的除外。

(3)对于特殊情况下发票与实际业务内容不符的业务发票经财务确认、总经理特批可以接收的,需对方业务单位出具加盖财务公章的情况说明书,说明发票与实际业务内容的业务实质,经公司财务部确认合格后方可接收对方的业务发票。为规避公司财务风险,财务部有权拒收任何情况下不合格的采购(或劳务)业务发票。

(4)发票处理:对经常性的供应商业务,不论当次开具发票金额多少,均做转账处理,对同一业务单位非经常性的业务(年度内业务不超过____万元的)单笔业务金额不超过____元的,可以凭发票付款,除此以外的所有采购及工程业务发票均做转账处理,在付款时,由收款人(收款人必须是出票人)提供收款收据,避免同一业务单位的业务既有现金业务,又有转账业务,不利于财务管理工作,也容易形成工作隐患。特殊情况下经财务确认,董事长批准的业务不受此限。

(5)采购(工程劳务)发票后附件顺序依次为:采购入库单(或直转单)、临时收料单(此单实际业务未开具的不附)、质检单、称重单、采购计划单、对方送(发)货单"随货同行联或购货方备存联"、采购合同及其他必需附件(按比价采购、定点采购、招标采购等性质不同,附询价单(即价格申报单)、招标合同等)。如发现有不符合规定的发票及附件传递到财务部,对当事保管员及采购经办人各处罚____元。

注:

(1)如制剂材料采购为多品种集中下达采购计划的,发票后可不附采购计划单,但采购人员应对已执行的采购计划单做核销并妥善保管,以作备查用。

(2)对于设备及工程劳务发票后应附有设备及工程劳务验收报告单,并应注明使用部门,以方便财务核算。

(3)如果所采购货物由物流公司托运的,还要有托运单,但托运单不能代替供货单位的发货单。

3.5.2 发票的取得时限管理规定如下。

(1)所有采购结算发票(含运费结算发票)应由该笔业务经办人员签字确认后,报送财务部。各类采购业务发票应由相关业务经办人负责向供应商催收,并自所采购物资验收合格入库之日起30日内取得,交财务部办理结算手续,且发票信息需与合同及实际相符;工程、劳务发票的取得时限为单项工程、劳务合同约定的劳务内容结束之日起60日内由相关分管责任人负责经与决算合同内容金额相符的发票交至财务部。结合公司目前制剂产品包装材料货款结算可以延期支付的特点,对于未付款的包装材料结算发票,取得时限可延长至自货物采购入库之日起90日内,此种情况需取得财务部的书面许可证明。

(2)如因结算价款发生异议而导致业务不能正常办理结算手续,不能在规定时限取得发票时,采购(或劳务)业务经办人应及时填报"(财务)问题业务报告单",说明原因及处理方案,报财务部往来会计处经财务负责人核准后备案,并由业务经办人负责在自发生异议之日起30日内处理完毕。如无正当理由,又无财务书面说明可延期取得结算发票的业务,均以正常业务规定的到票期限为准。特殊情况下,财务部因实际核算的需要,对某一部分业务到票时间要求提前的或延迟的以财务部书面下达的发票到票时间调整说明书为准。

(3)对于特殊业务发票的取得时限,如经董事长特批处理的,可按特批时限为准,需由财务部处理的由业务经办人将业务移交财务部处理。

(4)对于超过规定时限未将发票交到财务部的,每超期1天给予采购业务经办人____元罚款,从工资中扣除,对于无客观原因超过两个月发票未到的,停发当事采购业务经办人工资,直至取得发票止。

(5)业务经办人对收到的供应商发票(不得预开票),要在收到发票的当日将发票及相应业务附件单据报送至财务部,并在财务部做单据传递记录登记,对收到的不合要求,财务不能接收的发票,由业务经办人填写快递单,财务部负责将发票寄回供应商(需做好备查记录),并由业务经办人与供应商协调及时补票,时限为30天。凡因发票不合格,财务不接收而退票的,每笔业务处罚采购(或劳务)业务经办人____元。如因业务经办人个人原因造成已收到的供应商发票过认证期或丢失的,每笔业务发票金额在____元以下的,对业务经办人处以____元罚款,金额在____元以上的处以____元罚款,并由业务经办人负责在退票日或发现日起30日内补换票及提供财务部所需的其他相关手续。对于发票丢失或过期的情况同时对财务部往来会计进行考核,如发现属不按规定对账造成的,每笔丢失或过期发票对往来会计处以____元罚款。如业务经办人故意对不规范业务发票隐瞒不报或私自压票、退票等处理的,每发现一笔,处罚当事业务经办人____元。

(6)会计年度终了前(每年12月31日),各业务经办人应将自己经办、属于当年度已完成的采购(劳务)业务发票全部催收,并交至财务部。

3.6 定期对账制度

3.6.1 为确保各类业务单据按时取得及保证与供应商账目相符,财务部将实行定期对账制度;与公司业务经办人备查账核对时间周期为两个月一次,时间为次月5～15日。

3.6.2 与供应商对账每半年一次,核对范围为半年内与公司发生经济业务往来的单位,由业务经办人负责与相应的供应商协调取得对方业务往来账单(需经手人签名并加盖账务或业务公章),并最迟于次月10日前交财务部往来会计处,由往来会计负责核对并作核对情况备查记录。

3.6.3 凡业务经办人未设立业务备查账或账目不清的,每次处罚____元,并在10日内规范备查账;对未按规定时间取得供应商对账单的,按单个供应商计算,每个次处罚业务经办人____元,并限定在规定时间(10天内)完成对账手续,过期仍未完成的,每日处罚____元,直至对账业务手续完成,所处罚款项从当事业务经办人工资中扣除。特殊情况经当事业务经办人提出申请,财务部确认的除外。

3.7 补充规定

3.7.1 每一笔采购业务合同、供货人、开票人、收款人必须是同一业务对象。与新供应商第一次合作时,业务经办人应及时以书面形式向对方业务单位提供我方的开票资料。

3.7.2 对于业务单位到公司直接收取往来账款的业务,公司采购业务或接受劳务业务经办人应对业务单位来人身份进行确认,经财务部验证来人出具的加盖对方业务单位公章的介绍信,确认无误的,财务部方受理付款业务,按正常财务手续办理付款事宜,且在相关付款原始凭证上,本公司业务经办人要签字确认。

3.7.3 如果外购同一种货物不同供应商有多种名称称呼的,在签订采购合同时,各当事业务责任人应统一以公司已有的标准规范名称、规格等填写,即与档案中信息一致,并及时与供应商沟通以免发错货。

3.7.4 凡外地业务单位派人到公司收款的业务,应由公司业务经办人员确认来人身份,并由来人出示对方业务单位出具的加盖行政公章的证明信后,财务部经办人对来人身份及证明信确认无误的,方可受理来人经办业务,且公司经办人员应在相应的业务单据及证明材料上上签名,以示负责(对方上门收款的业务,必须在付款同时取得对方的收款收据)。

3.7.5 对于本地业务单位派人到公司收款的业务,如彼此熟知情况并对来人确认的,可不需证明信,按正常付款手续办理。反之则需按财务要求出具相应的证明材料方可办理付款手续。

3.7.6 各相关采购业务经办人,应按月份(以每月20日价格为准)对自己分管的采购物资进行归类按不同供应商分别列示供应价格,出具物资采购报价明细单,于每月25日前报财务部材料会计处。

3.7.7 设立采购备查账:

(1)相关业务经办人应自采购(或劳务)合同生效之日起开始分供应商进行业务备查账记录(注明供应商名称、电话、联系人),按业务发生时间先后顺序,详细记录每一笔经济业务的采购计划单号、合同号、品名、规格、含量、合同数量、合同金额、到货时间、规格、含量、来料数量、入库数量、金额、付款时间、付款方式、付款金额、欠款金额及开票情况等。

(2)属工程劳务业务的,经办人要登记工程劳务名称、合同金额、付款金额及开具发票情况,以便与财务核对账目之用。

(3)在供应商开票时,要求业务经手人与供应商核对无误(金额、数量、品名)才能开票,以免取得的发票与实际业务内容不符。

3.7.8 公司采购货物或接受劳务业务经办人以私人名义或未经公司分管领导签批许可,私自以公司各类公章与外部业务单位产生的负债业务(即个人行为后果),由行为个人自负,如因此给公司造成经济纠纷的,公司将追究当事人经济或刑事责任。以职之便侵吞公司资金的,以贪污论处。

3.7.9 采购业务经办人应对所提交财务部的原始业务凭证的合法性、真实性、完整性、规范性负责,并对传递至财务部的用款申请与发票做好单据传递记录。

3.7.10 涉及采购业务,应由需求部门提出需求计划单(采购计划单),经仓库保管员确认库存、部门负责人及分管领导核准后,报采购部后进入实际采购流程。

3.7.11 公司财务及审计小组对所有采购(工程劳务)业务从需求计划到采购计划、合同、价格、质量、数量及采购(工程劳务)业务完成时限、财务结算等全过程进行跟踪监督与审计。采购人员要自觉接受财务和审计部门对采购活动的监督和质询。对采购人员在采购过程发生的违犯廉洁制度的行为,审计部门将有权对有关人员提出降级、处罚、开除的处理建议,直至追究法律责任。

3.7.12 对经董事长批准的特殊业务,在规避公司风险的前提下,按董事长批复处理。

二、采购与付款流程规范

采购与付款流程规范

1. 目的

为加强公司的采购与付款工作,提高采购成效,特制订本规范。

2. 适用范围

适用于公司的除费用外的所有付款,包括但不限于购买材料、低值易耗品、固定资产的所有采购与付款。

3. 流程说明

3.1 流程图(见下页)

3.2 分类说明

3.2.1 材料采购。

第一步:下订单:采购 PO 经部门经理批准后下给供应商。

第二步:收货,供应商将货物按时送到 IQC,IQC 在 2 个工作日内完成点货、检验。如合格收下货物,不合格由质量部在 2 个工作日内开 MRB 会议并取得不合格供应商处理单,并在 ERP 中出单据交财务,并由采购在 2 个工作日内与供应商协商后退回供应商,并通知财务。

第三步:收发票。

第四步:请款,国内采购业务 IQC 收齐所有单据后填写请款单,经部门经理、财务经理批准,按规定要总经理批准的还要经总经理批准。进口采购业务由报关完成以上请款。

第五步:财务审核付款。

3.2.2 低值易耗品、固定资产采购。

第一步:请购,按公司规定走采购流程,部门经理应控制是否超过预算。

第二步:下订单,同 3.2.1。

第三步:收货验收,IQC 收货,请购人领货并验收。

第四步:收发票,同 3.2.1。

第五步:请款,采购按 3.2.1 请款。

第六步:财务审核付款。

4. 具体业务的票据操作指南

4.1 材料采购

分为国内采购业务和进口采购业务。

4.1.1 国内采购业务。

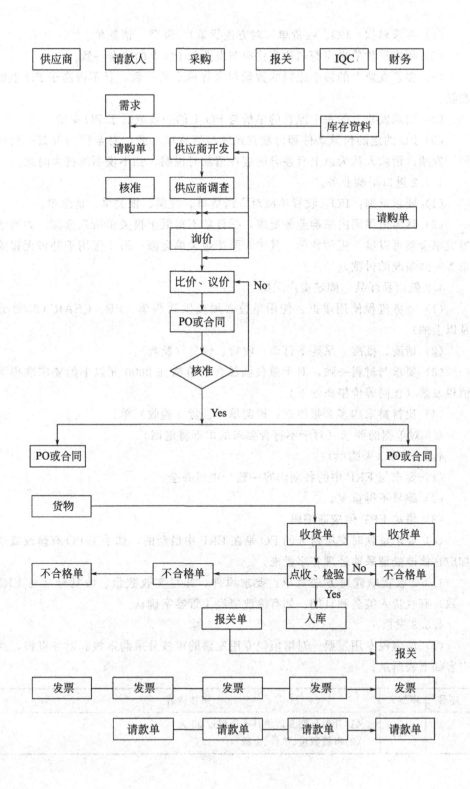

（1）要求单据：PO、收货单（对方送货单）、发票、请款单。

（2）要求请款单供应商名称或代码与发票和PO上的完全一致。

（3）要求发票上的每个原料的数量与送货单上的一致，且不得高于PO上的数量。

（4）要求发票上的每个原料的单价与PO上的一致或低于PO单价。

（5）PO约定的付款条件和付款方式应与请款单一致，总金额与发票一致或低于发票。请款人认为以上有差异的应在请款时说明，如不说明的视为同意。

4.1.2 进口采购业务。

（1）要求单据：PO、收货单或对方送货单、发票、报关单、请款单。

（2）具体适用国内采购业务要求，拆订单不得低于报关单所列金额，如高于报关单金额可以填2张请款单，其中1张按报关单金额，另1张用于补付无报关单等特殊情况的付款。

4.2 低值易耗品、固定资产采购

（1）业务流程使用单据：使用单位必须提供请购单、PR、CEAR（2000元及以上的）。

（2）请购、批准、采购下订单、收货、领货（验收）。

（3）要求与材料一致，对于单位物品含税价格在2000元以下的要求取得增值税发票（在同等价格条件下）。

（4）比材料采购多2张单据：请购单、领货（验收）单。

4.3 对单据的要求（对于不符合要求的单据将退回）

4.3.1 PO（采购单）。

（1）要求与ERP中的各项内容一致、项目齐全。

（2）编号不得重复。

（3）增加ERP供应商编码。

（4）要求请款时交给财务的PO是在ERP中最新的，如手工PO有修改或增加应在修改处请采购经理签字批准。

4.3.2 收货单或对方送货单：要求原件，并写实收数量、收货号（与ERP一致）有收货人签名和日期。如有涂改应经主管签字确认。

4.3.3 发票。

（1）增值税专用发票 对增值税专用发票的审核分采购审核和财务审核，其内容如下表所示。

序号	审核人	审核内容
1	采购	（1）开票日期至请款日不得超过80天 （2）审核数量、单价、金额

续表

序号	审核人	审核内容
2	财务	(1)审核"购货单位名称"必须为本公司名称全称、"地址、电话"、"税务登记号"、"开户行及账号"等项目填写必须正确 (2)应同时取得发票联(第二联)及抵扣联(第三联),并是否为运用防伪税控系统开具的专用发票,各联均加盖销货单位发票专用章或财务专用章,字轨号码一致,字迹清楚,不得涂改,各项目填写齐全、正确无误,票面金额与实际支付的金额相符,两联的内容和金额一致 (3)不同商品或劳务名称应分别填写,汇总金额开立的发票及抵扣凭证应有"销货清单"作为发票附件,商品名称应与入库单相符 (4)"数量"、"单价"、"金额"、"税率"、"税额"、"合计"、"价税合计"各栏计算是否正确,"价税合计"中的大小写金额是否相符 (5)是否符合增值税专用发票的其他管理规定

(2) 普通发票 对普通发票的审核分采购审核和财务审核,其内容如下表所示。

序号	审核人	审核内容
1	采购	(1)日期为实际发生日,注意是否遵照规定不跨年度使用 (2)审核发票的开具日期是否超过该发票规定的使用时限
2	财务	(1)发票应为发票联,套印有发票监制章、加盖销货单位发票专用章或财务专用章,字迹清楚,不得涂改,各项目填写齐全、正确无误,票面金额与实际支付的金额相符 (2)不同商品或劳务名称应分别填写,汇总金额开立的发票及抵扣凭证应有"销货清单"作为发票附件,商品名称应与入库单相符 (3)"数量"、"单价"、"金额"、"合计"各栏计算是否正确,大小写金额是否相符 (4)取得的定额发票上应按发票项目将客户名称、日期等填写齐全

(3) 国外发票

① 原则上要求原件,如复印件应经过财务经理批准。

② 报关单:要求原件。

③ 请款单:要求所有项目填写齐全准确,不得涂改。经部门经理批准,超过授权限额16万元的经总经理批准。

5. 特殊业务的说明

5.1 发生销回退回或折让

销回退回或折让是指因质量等问题要将产品退回给供应商或让供应商同意在其货款中扣除款项。

5.1.1 对于增值税发票。

分两种情况。

(1) 发票还没有交财务的，请退回让供应商重开。

(2) 发票已交财务认证，请通知财务，由财务到税务开具《进货退出或索取折让证明单》由对方开具红字发票，将红字发票联和抵扣联交财务。

5.1.2 普通发票和国外发票。

财务未入账，可以退回让供应商重开。或可开具红字发票。

5.2 预付款

对于国外预付款，报关应在收到报关单的第一时间交财务核销，以保证后续货款的支付。对于国内预付款，应按PO或合同的规定填写预付款请款单，原件应在请最后一笔款项时附上。

第十一章 采购绩效管理制度

一、采购人员绩效考核实施方案

采购人员绩效考核实施方案

1. 目的

为贯彻企业绩效考核管理制度，全面评价采购人员的工作绩效，保证企业经营目标的实现，同时也为员工的薪资调整、教育培训、晋升等提供准确、客观的依据，特制订采购人员绩效考核实施方案。

2. 适用范围

适用于本企业采购部人员，以下人员除外。

(1)考核期开始后进入本企业的员工。

(2)因私、因病、因伤而连续缺勤30日以上者。

(3)因工伤而连续缺勤75日以上者。

(4)虽然在考核期任职，但考核实施日已经退职者。

3. 管理规定

3.1 遵循原则

3.1.1 明确化、公开化原则

考评标准、考评程序和考评责任都应当有明确的规定，而且在考评中应当遵守这些规定。同时，考评标准、程序和对考评责任者的规定在企业内部应当对全体员工公开。

3.1.2 客观考评的原则

明确规定的考评标准，针对客观考评资料进行评价，避免掺入主观性和感情色彩。做到"用事实说话"，考评一定要建立在客观事实的基础上。其次要做到把被考评者与既定标准作比较，而不是在人与人之间进行比较。

3.1.3 差别的原则
考核的等级之间应当有鲜明的差别界限,针对不同的考评评语在工资、晋升、使用等方面应体现明显差别,使考评带有刺激性,激励员工的上进心。

3.1.4 反馈原则
考评结果(评语)一定要反馈给被考评者本人。在反馈考评结果的同时,应当向被考评者就评语进行说明解释,肯定成绩和进步,说明不足之处,提供今后努力方向的参考意见等。

3.2 绩效考核小组成员
生产部负责组织绩效考核的全面工作,其主要成员包括生产副总、生产部长、副部长、采购主管、企划部长、人力资源主管、人力资源组工作人员。

3.3 采购绩效考核实施
3.3.1 采购人员绩效考核指标
采购人员绩效考核以适时、适质、适量、适价、适地的方式进行,并用量化指标作为考核的尺度。主要利用采购时间、采购品质、采购数量、采购价格、采购效率五个方面的指标对采购人员进行绩效考核。量化指标如下表所示。

采购人员绩效考核指标

绩效考核方面	权重	考核指标/指标说明
时间绩效	15%	停工断料,影响工时
		紧急采购(如空运)的费用差额
品质绩效	15%	进料品质合格率
		物料使用的不良率或退货率
数量绩效	30%	呆物料金额
		呆物料损失金额
		库存金额
		库存周转率
价格绩效	30%	实际价格与标准成本的差额
		实际价格与过去平均价格的差额
		比较使用时价格和采购时价格的差额
		将当期采购价格与基期采购价格的比率同当期物价指数与基期物价指数的比率进行比较
效率绩效	10%	采购金额
		采购收益率
		采购费用
		新开发供应商数量
		采购完成率
		错误采购次数
		订单处理时间

3.3.2 绩效考核周期

采购主管对于短期内工作产出较清晰的记录和印象以及对工作的产出及时进行评价和反馈,有利于及时地改进工作,以月度为周期进行考核;对于周边绩效指标,以季度或年度进行考核。

3.3.3 绩效考核方法及说明

采购人员绩效考核采用量化指标与日常工作表现考核相结合来进行,量化指标占考核的70%,日常工作表现考核占30%。两次考核的总和即为采购人员的绩效。采购人员绩效考核计算方式如下:

$$采购人员绩效考核分数 = 量化指标综合考核得分 \times 70\% + 日常工作表现 \times 30\%$$

3.3.4 绩效考核实施

绩效考核小组工作人员根据员工的实际工作情况展开评估,员工本人将自己的考核期间的工作报告在考核期间交于生产部,生产部汇总并统计结果,在绩效反馈阶段将考核结果告知被考核者本人。

3.3.5 考核结果应用

考核结果分为五个层次(划分标准见表),其结果为奖金发放、薪资调整、员工培训、岗位调整、人事变动等提供客观的依据。

绩效考核结果等级划分标准

杰出	优秀	中等	需提高	差
A	B	C	D	E
85分以上	85分以下～75分	75分以下～65分	65分以下～50分	50分以下

根据员工绩效考核的结果,可以发现员工与标准要求的差距,从而制订有针对性的员工发展计划和培训计划,提高培训的有效性,使员工的素质得到提高,最终为企业管理水平的提高打下坚实的基础。

3.3.6 绩效考核实施工具

对采购人员的绩效考核,主要的考核实施工具有采购人员绩效考核表、等级标准说明表(如下表所见)。

采购人员绩效考核表

项目		权重	等级说明					自我评分	综合得分
			杰出	优秀	中等	需提高	差		
定量指标	时间绩效	15%							
	品质绩效	15%							
	数量绩效	30%							
	价格绩效	30%							
	效率绩效	10%							

续表

项目		权重	等级说明					自我评分	综合得分
			杰出	优秀	中等	需提高	差		
定量指标权重为70%									
定性指标	责任感	30%							
	合作度	30%							
	主动性	20%							
	纪律性	20%							
定性指标权重为30%									
综合得分									
考核补充:									

考核人：　　　　被考核人：　　　　考核日期：　年　月　日

等级标准说明表

项目	考核指标	指标等级划分说明				
		杰出	优秀	中等	有待提高	急需提高
时间绩效	是否导致停工	从不	没有	无记录	3次以下	3次以上
品质绩效	进料品质合格率	100%	90%	85%	65%	60%以下
	物料使用不良率	0	5%以下	5%～10%	10%～15%	15%以上
数量绩效	呆料物料金额	__万元以下	__万～__万元	__万～__万元	__万～__万元	__万元以上
	库存周转率	__%以上	__%～__%	__%～__%	__%～__%	__%以下
价格绩效	采购成本降低率	__%以上	__%～__%	__%～__%	__%～__%	__%以下
	采购价格降低额	__万元以上	__万～__万元	__万～__万元	__万～__万元	__万元以下
效率绩效	采购完成率	__%以上	__%～__%	__%～__%	__%～__%	__%以下
	订单处理时间	__天以内	__～__天	__～__天	__～__天	__天以上

指标等级得分说明

杰出	优秀	中等	有待提高	急需提高
10分	8分	5分	2分	0分

二、采购绩效评估制度

采购绩效评估制度

1. 目的

为保证公司所需物资能及时、保质保量地得到供应,同时提高员工的工作绩效和工作积极性,从而提高公司整体绩效,最终实现公司战略目标,特制订采购绩效评估制度。

2. 适用范围

本制度适用于采购部所有正式员工,下列人员不列为年度考核实施范围。

(1) 试用期人员。

(2) 停薪留职及复职未达半年者。

(3) 连续缺岗天数达 30 天以上者。

3. 考核实施时间

考核分为月度考核、半年度考核及年度考核三种,其具体实施时间如下表所示。

考核实施时间

考核类别	考核实施时间	考核结果应用
月度考核	月底	与每月工资挂钩
季度考核	下一季度的月初	薪资调整、培训计划制订的依据、职位调整、季度奖金
年度考核	下一年度的 1 月份	薪资调整、年度培训计划制订的依据、职位调整、年度奖金

4. 考核实施主体

4.1 公司内部人员

被考核者的直接上级作为考核最主要的负责人之一,必须对下属的工作表现做出客观公正的评价,并有效地利用绩效考核,不断提升自己的管理水平及管理效果。人力资源部工作人员对考核工作给予组织、协调和监控,被考核者的同事及被考核者本人需积极参与公司的绩效管理工作,其具体内容如下表所示。

4.2 外部相关人员

由于采购人员的工作与供应商联系紧密,因此,供应商的意见也可以作为对采购人员绩效评估的参考依据。

职责划分

人员	职　责
采购部经理	(1)考核结果的审核、审批 (2)具体组织、实施本部门的员工绩效考核工作,客观公正地对下属进行评估 (3)与下属进行沟通,帮助下属认识到工作中存在的问题,并与下属共同制订绩效改进计划和培训发展计划
被评估者	(1)学习和了解公司的绩效考核制度 (2)积极配合部门主管讨论并制订本人的绩效改进计划和标准 (3)对绩效考核中出现的问题积极主动地与财务主管或人力资源部进行沟通
人力资源部工作人员	(1)绩效考核工作前期的宣传、培训、组织 (2)考核过程中的监督、指导 (3)考核结果的汇总、整理 (4)应用绩效评估结果进行相关的人事决策

5. 考核内容及考核方法

5.1 考核内容

5.1.1 工作业绩考核的指标如下表所示。

采购工作业绩考核指标

考核项目	考核指标	
工作业绩考核	质量指标	进料验收指标
		在制品验收指标
	数量指标	储存费用指标
		呆料、废料处理损失指标
	时间指标	紧急采购费用指标
		停工断料损失指标
	价格指标	实际价格与标准成本的差额
		实际成本与过去移动平均价格的差额
	采购效率(活动)指标	采购金额
		新供应商开发个数
		错误采购次数
		订单处理的时间
		采购计划完成率
	管理类指标	部门人员流动率
		部门协作满意度

5.1.2 人事考核主要包括以下两大方面。

(1) 考勤。

(2) 个人行为鉴定,主要是指被评估者在日常工作中,违反公司相关制度而被惩罚或有突出性的工作表现而进行绩效评定的结果。

5.2 考核方法

根据职位说明书,对各岗位的工作内容、工作要求等分别确定各岗位、各部门的考核内容与评分标准,并编制表格,根据员工的实际工作成果实施考核。

6. 绩效面谈

(1) 绩效面谈是提高绩效的有效途径,各部门主管必须在考核结束后七天内安排绩效面谈。

(2) 绩效面谈所记录的内容将作为员工下一步绩效改进的目标。

7. 考核纪律

(1) 上级考核必须公正、公平、认真、负责,上级领导不负责或不公正者,一经发现将给予降职、扣除当月绩效奖或进行扣分处理。

(2) 各部门负责人要认真组织,慎重打分,凡在考核中消极应付,将给予扣分甚至扣除全月绩效奖和岗位津贴。

(3) 考核工作必须在规定的时间内完成。

(4) 如果弄虚作假,考核者与被考核者的绩效一律按公司相关规定进行相应的处理。

8. 考核申诉

8.1 提交申诉

(1) 被考核人如对考核结果不清楚或者持有异议,可以采取书面形式向人力资源部绩效考核管理人员申诉。

(2) 员工以书面形式提交申诉书。申诉书内容包括申诉人姓名、所在部门、申诉事项、申诉理由等。

8.2 申诉受理

人力资源部绩效考核管理人员接到员工申诉后,应在三个工作日内做出是否受理的答复。对于申诉事项无客观事实依据,仅凭主观臆断的不予受理。

8.3 申诉处理

首先由所在部门的考核管理负责人对员工申诉内容进行调查,然后与员工的直接上级、共同上级、所在部门负责人进行协调、沟通。不能协调的,上报公司人力资源部进行协调。

8.4 申诉处理答复

人力资源部应在接到申诉申请书的五个工作日内明确答复申诉人。

三、采购人员月度绩效评估制度

 采购人员月度绩效评估制度

1. 目的

为了进一步提高采购人员工作积极性,降低公司的采购成本,提高供应商供货质量。特建立采购人员的月度绩效评估制度。

2. 适用范围

适用于所有采购人员。

3. 考核频次

每月进行采购绩效考核一次。

4. 考核项目

主要考核项目为:采购成本控制(价格起伏)、采购交期控制(交货进度达成率)、品质成本控制(进货品质达成率)。

4.1 采购成本控制

4.1.1 各采购员要对各相关产品单价进行分析,学会核价,不管采购任何一种物料,在采购前应熟悉它的价格组成,了解供应商所生产成品的原料源头价格,为自己的准确核价打下基础,掌握其采购适当价格。

4.1.2 考核方法:以 2009 年 1 月确认的单价为前期单价,各采购员可以根据产品前期单价进行分析,重新报价、重新议价,定出每月的产品单价。按每月的价格起伏情况进行评比。

$$价格起伏 = 当月的采购数量 \times (前期单价 - 每月的产品单价)$$

4.2 采购交期控制

4.2.1 签订订单同时要确定大致到货时间,了解供应商的生产能力、发货渠道和发货信息,掌握到货的主动权,尽量避免到货不及时影响生产。如果供应商说发货了一定要知道货运的联系方式,防止供应商故意拖延发货时间。一定要做到货大约什么时候到心里都要有数。偶尔因为供应商失误就需要和生产/生产管理部门及时沟通,调整生产,尽将损失降到最低。

4.2.2 考核方法:以每月下达订购单数为总批数,每张订单上的产品为一批。

$$交货进度达成率 = \frac{交货延迟订单}{总订单数量} \times 100\%$$

4.3 品质成本控制

4.3.1 评价供应商的品质保证能力,要求供应商根据采购产品的品质要求进行生产及运输,确保采购产品达到公司品质要求。由于采购产品未达到订单合同规定的品质,会造成生产计划变更、不良品的增多、增加管理费用。质量不合格时,应在保证质量合格的情况下紧急替换供应商,确保生产计划不受影响;数量不符的情况,及时与供应商沟通,确定是由于供应商发货遗失或者是物流运输问题,及时补足尾数。

4.3.2 考核方法:根据公司品质部提供的每月来料品质统计表,以批数为单位。

$$品质达成率 = \frac{不良来料批数}{当月来料总批数} \times 100\%$$

4.4 绩效评估等级评定

4.4.1 绩效评估配分。

绩效评估配分如下表所示。

考核内容	配分	等级 A 非常优秀	B 优秀	C 基本满足	D 略有不足
采购成本控制(价格起伏)	40分	40	30	20	10
采购交期控制(交货进度达成率)	30分	30	25	20	10
品质成本控制(进货品质达成率)	30分	30	25	20	10

4.4.2 以采购员的名次为标准。

考核内容	配分	等级 A 第一名	B 第二名	C 第三名	D 第四名
采购成本控制(价格起伏)	40分	40	30	20	10
采购交期控制(交货进度达成率)	30分	30	25	20	10
品质成本控制(进货品质达成率)	30分	30	25	20	10

4.5 绩效评估奖惩规定

4.5.1 依公司有关绩效奖惩管理规定给付绩效奖金。

4.5.2 每月评分第一名的以及月度考核分数85分以上的人员,月底可加付绩效奖金200元。

4.5.3 连续三个月考核名次是最后一名,应加强职位技能训练。

4.5.4 连续三个月考核分数低于60分者,应调离采购岗位。

第三部分
采购管理表格

- 第十二章　采购规划管理表格
- 第十三章　采购计划与预算管理表格
- 第十四章　采购订单跟踪管理表格
- 第十五章　供应商管理表格
- 第十六章　采购价格与成本控制表格
- 第十七章　采购质量管理表格
- 第十八章　采购结算与付款管理表格
- 第十九章　采购绩效管理表格

第十二章 采购规划管理表格

一、采购工作手册大纲

采购工作手册大纲

1. 采购工作手册的功能和目的
2. 采购组织表
2.1 采购部门的权责
2.2.1 采购部门主管的权责
2.2 采购与其他部门的关系
2.3 公共关系
3. 采购政策
3.1 采购批核额度
3.1.1 资本支出申请（Capital Appropriation Requests，CAR）
3.1.2 请购
3.1.3 订购单（PO）及合约
3.1.4 付款
3.2 采购人员行为规范
3.3 采购人员处理礼品及报酬
3.3.1 礼品及报酬的定义
3.3.2 不可收受的礼品及报酬
3.3.3 可收受的礼品及报酬
3.4 采购与供应商的责任
3.4.1 供应商的责任
3.4.2 订单及合约的交易条件
3.5 采购的权限及责任
3.5.1 采购有权询问需求来源
3.5.2 紧急采购
4. 采购程序
4.1 采购来源
4.1.1 请购单
4.1.2 资本支出申请

4.1.3　发包申请

4.2　招标

4.3　签订商品及劳务采购合约

4.4　订购单

4.4.1　一般请购单

4.4.2　重复请购单

4.4.3　订单变更通知

4.4.4　报价申请单（RFQ）

5.　采购管理

5.1　采购相关单据的归档及保管

5.2　开发新来源

5.3　采购跟催

5.4　采购定期报告

5.5　采购人员的训练及晋升办法

5.6　供应商的管理

6.　采购相关法律

二、某公司采购作业授权表

某公司采购作业授权表

作业项目	申请流程				承办流程				主办部门名称
	二级签核主管	一级签核主管	事业部主管	主办部门主管	总管理处经理	财务经理	总经理	董事长	
一、请购									
（一）请购申请书									
已有 SA/合约/客户 L/C	1	2							订单组
生产物料	1	2	3						采购部
CE 零件——小于￥50000	1	2	3						采购部
CE 零件——大于￥50000	1	2	3	4	5		6		采购部
库存——小于￥500000	1	2	3	4					采购部
库存——大于￥500000	1	2	3	4	5		6		采购部
设备——小于￥100000	1	2	3	4					采购部
设备——小于￥500000	1	2	3	4	5		6		采购部
设备——大于￥500000	1	2	3	4	5		6	7	采购部

续表

作业项目	申请流程				承办流程				主办部门名称
	二级签核主管	一级签核主管	事业部主管	主办部门主管	总管理处经理	财务经理	总经理	董事长	
庶务用品,办公设备,书刊印制									总务部
小于￥2000	1			2					
小于￥50000	1	2		3	4				
大于￥50000	1	2	3	4	5		6		
(二)特殊支出申请书									申请部门
A类	1	2	3	4	5		6	7	
B类——小于￥50000	1	2	3	4					
B类——大于￥50000	1	2	3	4	5				
C类——小于￥1000	1	2							
C类——小于￥50000	1	2	3	4					
C类——大于￥50000	1	2	3	4	5		6		
二、采购 (一)议价比价记录									
采购部——小于￥20000	1								采购部
采购部——小于￥50000	1	2							
采购部——大于￥50000					1	2	3	4	
总务部——小于￥2000				1					总务部
总务部——小于￥50000				1	2				
总务部——大于￥50000				1	2	3	4		
(二)自办采购部分									
小于￥5000	1	2							
小于￥50000	1	2			3				
大于￥50000	1	2			3	4	5	6	
(三)长期合约				1	2	3	4		

三、凡合乎下列条件者免填本记录
1. 凡属本公司代理的产品,依合约价格交易者。
2. 已签订长期供应合约,依约定价格进货者。
3. 顾问费、技术服务费等专业服务费用已订有合约或价格业经核准者。

三、某公司采购职务权限表

某公司采购职务权限表

项次\区分		职务内容	权限							
			本人	组长	课长	经理	处长	副总经理	总经理	董事长
采购	1	10万元以下			决					
	2	50万元以下				决				
	3	100万元以下					决			
	4	500万元以下						决		
	5	1000万元以下							决	
	6	1000万元以上								决
营缮费	1	10万元以下			决					
	2	50万元以下				决				
	3	100万元以下					决			
	4	500万元以下						决		
	5	1000万元以下							决	
	6	1000万元以上								决

四、某工程公司采购核决表

某工程公司采购核决表

采购项目	核决金额	核决权限			
		采购组组长	采购部协理	副总经理	总经理
	5000元以下	核决			
	5001~50000元	复审	核决		
	50001~100000元	复审	复审	核决	
	100001元以上	复审	复审	复审	核决
其他经总经理专案核准的采购案	100000元以下	核决			
	100001~500000元	复审	核决		
	500001~2000000元	复审	复审	核决	
	2000001元以上或超出的已核准预算者	复审	复审	复审	核决

第十三章 采购计划与预算管理表格

一、_____年度（预测）采购需求计划表

_____年度（预测）采购需求计划表

单位：

序号	项目名称	采购主体	资金来源	项目预算	项目类型	计划采购时间	采购数量	交货期或工期	是否有拆分采购需求	建议采购方式	设备生产周期	备注

总经理：　　　　　副总经理：　　　　　采购部：　　　　　生产部（或相关部门）：
审核：　　　　　制表：

二、_____批次（月度）采购需求计划表

_____批次（月度）采购需求计划表

部门：

序号	项目名称	项目编号	资金来源	项目预算	项目类型	计划采购时间	采购数量	交货进度	备注

三、____项目月度采购计划（_____年____月）

____项目月度采购计划（_____年____月）

（一）上月计划执行情况

序号	计划内容	责任人	完成情况	偏差分析	解决办法

（二）本月计划

1. 采买

序号	内容	建议采购方式	备选供方及选择理由	计划时间（开始～结束）	备注

2. 催交与监造

序号	设备名称	合同号	交货期	履约情况	催交计划	责任人

3. 检验及运输计划（根据需要填写，可不写）

4. 其他需要说明的情况（根据需要填写，可不写）

5. ____项目采购中存在的问题和建议（根据需要填写，可不写）

四、____月份物料招标工作计划

____月份物料招标工作计划

序号	项目名称	招标设备名称	邀请投标供方	招标时间	招标地点	招标方式	责任人
1							
2							
3							
4							
5							
6							

五、_____年第____批次集中采购需求审批表

_____年第____批次集中采购需求审批表

项目单位(盖章)	（计划见附表）
概算总额(万元)	
公司项目主管部门意见	
公司采购部(招投标管理中心)意见	
公司审核部门意见	
公司招投标领导小组办公室/领导小组	

六、月度物料需求计划审批表

月度物料需求计划审批表

物料需求部门：	审批意见
物料名称：	公司领导： 年　　月　　日
用途说明：	公司主管领导： 年　　月　　日
	采购部： 年　　月　　日
	物料审批部门： 年　　月　　日
	物料需求部门： 年　　月　　日
附：月度采购需求计划表	
提报人：	电话：
物料供应部：	 年　　月　　日

七、_____项目采购申请单台账

_____项目采购申请单台账

序号	请购单位	采购内容	采购员	承接期	供货期	请购单号	合同号	合同到货期	备注

八、采购申请单（一）

采购申请单（一）

表格编号：　　　　　　　　　　　　　　记录编号：

项目名称		项目代号	
物料名称		购置数量	
请购单位		型号	
到货日期		规格	
到货地点		单价预算	

1. 主要技术参数：

2. 用途说明：

3. 推荐厂家及推荐理由：

编制		日期	
审核		日期	
采购部		日期	
批准		日期	

九、采购申请单（二）

采购申请单（二）

请购部门		请购日期		交货地点		单据号码			
项次	物料编号	品名	规格	请购数量	库存数量	需求日期	需求数量	单位	技术协议及要求
会签说明		采购部门				请购部门			
		主管		经办	批准	主管		申请人	
分单	第一联：采购单位（白），第二联：财会部（红），第三联：请购单位（蓝）								

十、采购变更申请单

采购变更申请单

请购部门			原请购单编号		
品名		规格		采购日期	
变动内容					
变动原因					
联系电话			经办人		
采购部意见	采购专员		采购主管		采购经理
	日期: 年 月 日		日期: 年 月 日		(盖章) 年 月 日
财务部核准意见	经办人			负责人	
	日期: 年 月 日			(盖章) 年 月 日	
主管副总经理				(盖章) 年 月 日	
总经理				(盖章) 年 月 日	
备注	1. 随附资料:原采购请购书复印件、已采购合同复印件。 2. 本表一式四份,请购部门、采购部、财务部、总经办各一份。				

十一、采购变更审批表

采购变更审批表

编号: 　　　　　　　　　　　　　　申请日期: 　年 月 日

申请部门					
变更内容概述					
原采购请购单编号			原采购审批表编号		
变更金额			变更采购方式		
部门经理意见					
采购经办人意见					
采购经理意见					
财务经理意见					
主管副总经理意见					
总经理意见					
批复文号			是否通过审批	□是	□否
附件					

制表人: 　　　　　　　　　　　　　　电话:

十二、(零配件、经常性耗用物料)采购开发周期表

(零配件、经常性耗用物料)采购开发周期表

编号：_____ 修订日期：_____ 部门：_____ 编制日期：_____

项次	品名	规格品采购周期	正常品采购周期	新产品采购周期	最少采购数量	备注

说明事项	规格品：是指供应厂商备有该项零配件及物料的备用品，此项规格品须事先洽询厂商，确认有备用品后始可依据规格品采购周期的采购日期进行采购。 正常品：是指供应厂商无该项零配件及物料的备用品，此项正常品须依正常品采购周期的采购日期进行采购。 新产品：是指供应厂商无该项零配件及物料的规格品、正常品，此项新产品须依据新产品开发周期的采购日期进行采购。

编制：_____ 审核：_____ 批准：_____ 表单编号：_____

第十四章 采购订单跟踪管理表格

一、请购单

请购单

请购单位：_____ 请购日期：____年____月____日

料号	品名	规格	单位	数量	需求日期
用途说明					
会计		采购		主管	

注：请于需求日前三日填写本单以利作业。

二、临时采购申请单

No:　　　　　　　　　　　　临时采购申请单

申请部门		申购人		申购日期	
申购物资品名				数　　量	
申购原因：					
审批意见： 　　　　　　　　　　　签名：　　　　　　　　　日期：					

三、采购订单

采购订单

采购申请部门					申请日期			单据号码		
供应厂商名称					交货地点			请购单号		
项次	料号	品名	规格	数量	单位	单价	总价	交货日期	技术协议及要求	
采购部	经办		总经理批准			合计	税前金额			
	科长						税额			
	经理						税后金额			
注意事项	厂商须严守交货日期,若逾期交货时,每延迟一天,买方可扣该批货款5‰,或将订单全部取消;本司如有指定质量标准时则依之,若本司未指定质量标准时则依双方共同认定标准或有资格机构所认定的标准 厂商如因交货延误、规格不符、质量不符、数量不足等而造成本公司的损失,厂商应负完全责任;本次订单内容或附件如有更换由采购人员通知贵厂商后,原件请自行作废,不再回收 附件:□样品_____　□样品_____　□样品_____　□样品_____									
分单	第一联:厂商(白)　　　第二联:原物料仓库(红)　　　第三联:财会部(黄)									

四、采购进度控制表

采购进度控制表　　　　　　年　月

序号	采购单号	品名	型号/规格	订货量	计划交期	实际交货状况					备注
						日期	数量	日期	数量	日期	数量	

五、订货进度管理表

订货进度管理表

No.	订货No.	制造No.	品名	图面规范No.	用途	数量	订货日期	承诺日期	查核要点			制程内容						
									图范	支应品	模·工具	材料	1	2	3	4	5	6	7
1	26121	16121	置台	OVH-10	石油煤炉	662	7/2	7/2	1/2	无	有	2/2	压	电镀	涂				
2	26122	16122	//	//	//	//	8/2	14/2	1/2			3/2	//	//	//				
3	26123	16123	点火焊	//	//	//	10/2	17/2	10/2	10/2	11/2	11/2	机器加工	//	//	零件	机器	总装置	

序号	2月						月									摘要
	5	10	15	20	25	30	5	10	15	20	25	30	5	10	15	注意缘的折弯
1	1 2 3															
2		1 2 3														
3		1 2 4 5 6 3														

预定：　　　　　　　　　　　　　　实际：

六、采购电话记录表

采购电话记录表

序号	采购日期	供应商	采购物料名称	数量/规格型号	要求交期	使用部门	采购人	备注

七、物料订购跟催表

物料订购跟催表

分类：_____　　　　　　　　　　跟催员：_____

订购日	订购单号	料号（规格）	数量	单价	总价	供应商（编号）	计划进料日	实际进料日		
								1	2	3

八、催货通知单

催货通知单

敬启者：
查贵　　与本公司签订的下列契约业已到期迄未交货，请于文到一周内迅予交清为荷！
此致

　　　　　　　　　　　　查照
　　　　　　　　　　　　　启
　　　　　　　　　　　年　月　日

九、到期未交货物料一览表

到期未交货物料一览表

签约日期	合同编号	物料名称及规范	数量	单位	约定交货日期	备注

本单一式三联：一联送供应商，一联送仓库转请购部门，一联留采购主管存查

十、采购订单进展状态一览表

采购订单进展状态一览表

序号	物料						订单状态									物料入库数量总和	备注
							供应商一					供应商二					
	物料编码	名称	型号/描述	年需求量	单位	开始日期	完成日期	订单计划编号	订单经办人员	选择	订单合同	跟踪	检验	接收入库	付款	选择	订单合同	跟踪	检验	接收入库	付款		

十一、采购追踪记录表

采购追踪记录表

编号	请购单					报价供应商及价格	订购单							验收		
	请购总号	发出日期	收到日期	品名/规格	数量	需要日期		日期	编号	数量	单价	金额	交货日期	供应商	日期	数量	检验情形

备注：

十二、交期控制表

交期控制表　　　　　　　　月　日至　月　日

预定交期	请购日期	请购单号	物品名称	数量	供应商	单价	验收	日期	延迟日数

备注：

十三、来料检验日报表

来料检验日报表　　　　　　　　年　月　日

来料检验报告汇总								
供应商								
检验批数								
不合格批								
不良率								
…								
批退报表汇总								
物料异常报告编号	料号		品名规格	批量	不良率	不良原因	供应商	处理结果

十四、不合格通知单

不合格通知单

编号：　　　　　　　　　填表日期：　年　月　日

供应商		交验日期	
物料名称		料　号	
交验数量		检验日期	
抽样数量		检验结果	
不良情形及简图			
处理意见			
呈核		经理		审核		检验	
重检流程及不良统计			
改善对策			
品管确认		主管		审核		填表	

十五、损失索赔通知书

损失索赔通知书

　　　　　　　　　　　　　　　　　　　　　　　　　　　No：_____

_____公司：

　　本公司于　　年　月　日向贵公司采购之下列货品：_____，因贵公司产品 □品质不良 □交期延迟，造成本公司蒙受_____元的损失，兹检附：□损失计算表　　份；□品质检验报告　　份；□本公司客户索赔函复印本　　份，连同原采购合约复印本共_____份，望贵公司给予谅察赔偿，其赔偿金额，敬请贵公司同意。

　　□由其他货款中扣除
　　□以现金支付

　　顺颂

　　　　商祺！

　　　　　　　　　　　　　　　　　　　　　　　　　　_____有限公司
　　　　　　　　　　　　　　　　　　　　　　　　　　　采购部　年 月 日

第十五章 供应商管理表格

一、潜在供应商推荐表

潜在供应商推荐表

编号：

企业名称：		联系人：	
详细地址：		邮编：	
主要产品：	电话：		传真：
	电子信箱：		网址：
	企业性质：		固定资产：
	成立日期：		员工总数：
企业概况（主要产品生产能力、主要工艺及检测设备等）：			
现配套情况（包括与股份公司及股份公司以外企业的配套情况）：			
推荐理由：			
推荐单位/部门：	办理人：	联系电话：	日期：
处理结果： 纳入公司潜在供应商资源库 不纳入公司潜在供应商资源库		备注：	
		办理人：	日期：

注：1. 本推荐表可以分公司或部门名义，也可以个人名义推荐。
2. 本推荐表可由股份公司以外的单位或个人填写推荐，供应商也可自荐。
3. 本推荐表按要求填写完后交股份公司采购管理室归口办理。
4. 其他资料可作为附件附后。

二、潜在供应商基本情况调查表

潜在供应商基本情况调查表

一、基本情况
供应商名称：_____
供应商详细地址：_____
法人代表：_____
邮政编码：_____
注册资本：_____
企业性质：_____
企业成立日期：_____
开户银行及账号：_____
商务联络人：_____
商务联系电话：_____
网址/电子信箱：_____
员工总数：____人，其中：管理人员____人，技术人员____人。

二、调查内容分类
(1)企业简介：_____
(2)财务状况：_____
(3)工艺制造能力：_____
(4)产品研发能力：_____
(5)质量保证能力：_____
(6)供货能力及售后服务水平：_____
(7)请同时提供以下资料：
企业获各类机构认证证书（复印件）。
向国内外主要客户供应产品的情况。
主要产品介绍（应包括产品图片、产品主要性能、技术参数、价格等）。

说明：
请供应商填写项目一中的企业基本情况，并按项目二中的调查内容用A4幅面、4号字体将本企业相关资料制作成文本（包括电子文本）。
文本回寄地址：_____
邮编：_____ 电话：_____ 电子信箱：_____

三、____年___月份供方评审计划表

____年___月份供方评审计划表

序号	供方名称	产品名称	重要度	评审原因	评审方式	评审时间	组长	小组成员

注：1. 重要度为物资的 A、B、C、D 类。
2. 评审原因为新增供应商、重大质量问题、例行评审、新产品。
3. 评审方式为现场评审、资料评审。

四、供方情况登记调查表

供方情况登记调查表

日期： 年 月 日

供方名称		联系人	名　称		产品系列编号		
法人代表			部　门		水泵	水暖器材	汽油机
地　址			身份证号		1	2	3
职工人数			单位电话、手机		产品、配件分类及编号		
固定资产	固定资产总额/元		注册资金		五金、冲件	01	翻砂件	02
	其中:厂房/平方米				OEM	03	印刷、包装	04
	主要生产设备(名称):				设备及配件	05	电子元器件	06
	主要检测设备(名称):				原材料	07	塑胶	08
零配件主要销售客户及配套数量					电线、电缆	09	铜件	10
					电机	11	标准件	12

续表

产品情况							
产品名称	规格型号	计量单位	月供货量	供应价格			
					供方编号说明：		
以上由供方填写（本表格填写属实，如有不实愿承担不实赔偿责任）							

注：表格如填不下可另附材料。

供方单位盖章：　　　　　　调查核实部门：　　　　　　调查核实人：

五、供方综合考查表

供方综合考查表

供方名称：_____
外协零部件名称：_____　　类别：_____

类别		考查项目	本公司要求	考查记录	备注
一、必备项目		生产能力			
		关键生产设备			
		关键检测设备			
		主要原材料、原件			
	质量指标	退货率			按年度统计
		抽检合格率			按年度统计
二、参考项目	质量保证	质量管理体系			体系认证
		产品图纸			抽查10份
		工艺文件			抽查10份
		检验规程			抽查3份

续表

类别	考查项目		本公司要求	考查记录	备注
二、参考项目	质量保证	质量记录	进货检验		抽查10份
			过程检验		抽查10份
			出厂检验		抽查10份
	主要销售客户				
	其他要求				

注：1. 必备项目不具备条件，必须强制淘汰，参考项目只在综合评估时考虑。
2. 如果对关键生产设备或生产规模等不作要求，请填写"本项目不作要求"。
3. 初次考查如无法提供退货率、抽检合格率数据，请填写"初次考评"。
4. 考查人员对待考查工作必须认真负责。
5. 表格如填不下，可另附材料。

考核部门	技术品质部	采购部	
签　名			
考核日期			

六、供方评审不合格项整改通知单

供方评审不合格项整改通知单

＿＿＿＿＿＿＿＿＿＿＿＿：

　　根据＿＿＿＿年＿＿＿月＿＿＿日我公司供方评审小组对贵公司的评审，贵公司存在以下不合格项目：

序号	不合格项目内容

　　要求贵公司在＿＿＿＿年＿＿＿月＿＿＿日之前完成对以上不合格项目的整改并将整改完成后的整改报告及相应材料交供方评审小组，这些材料将作为合格供方评审的依据。

　　采购部（盖章）　　　　　　　　　　　　　　　　日期：＿＿＿＿年＿＿＿月＿＿＿日

七、供方评审审批表

供方评审审批表

供方名称		供方编码	
供方地址		联系电话	
供方经营范围			
供应物料名称		规格型号		物料编码	

评审类型：现场评审□　资料评审□

评审总结：

　　　　　　　　　　　　评审小组组长签名：　　　　　日期：

开发部负责人意见：

　　　　　　　　　　　　审核人签名：　　　　　　　日期：

品质部负责人意见：

　　　　　　　　　　　　审核人签名：　　　　　　　日期：

审批人结论：
同意列入合格供方名单 □　　不同意列入合格供方名单 □

　　　　　　　　　　　　审核人签名：　　　　　　　日期：

审批人批准列入合格供方名单有效期至：＿＿＿＿年＿＿＿月＿＿＿日

注：1. 现场评审附供方情况登记调查表、供方评审项目清单及评分标准。
　　2. 资料评审附供方情况登记调查表、资料评审资料。

八、供方特批供货审批表

供方特批供货审批表

供方名称			供方编码	
供方地址			联系电话	
供方经营范围				
供应物料名称			规格型号	
评审类型：现场评审□ 资料评审□			物料编码	
申请特批原因： 申请人签名： 日期：				
品质部负责人意见： 审核人签名： 日期：				
审批人结论： 审批人签名： 日期：				
审批人批准列入合格供方名单有效期至：_____年___月___日				

九、供方评审项目清单及评分标准

供方评审项目清单及评分标准

评审项目		核实结果	备注
1. 经营资格 （6分）	有无有效的营业执照		其中一项不符合终止评审
	所提供产品是否在其合法经营范围内		
	能否以自身名义开具增值税发票		
2. 生产能力 （5分）	现阶段生产安排及月产量		
	极限生产安排及月产量		
3. 认证情况 （5分）	质量保证体系认证		
	产品认证		

续表

项目	评分标准 A	评分标准 B	评分标准 C	备注
4. 设计与生产制造能力(38分), A 为 2 分, B 为 1 分, C 为 0 分				
4.1 设计开发能力 (1)有自行设计开发我公司采购产品的能力,有一套完善的设计开发控制程序为 A (2)只能设计本公司采购产品中简单的或部分零部件,设计开发控制程序不严密为 B (3)无产品设计开发能力,只能按本公司提供的图纸进行制造为 C				
4.1.1 制造技术 (1)制造技术领先同行,产品质量明显高于其他厂家为 A (2)制造技术先进,生产的产品质量稳定为 B (3)制造技术落后,产品合格率低,质量不稳定为 C				
4.1.2 工艺文件 (1)主要工序都有工艺规程或作业指导书,工人严格按工艺文件操作、工艺文件处于受控状态,现场可以取得现行有效版本的工艺文件 A (2)特别重要的关键工序才有工艺规程或作业指导书,工人偶然不按工艺文件操作,工艺文件非受控,有时在现场见不到现行有效的版本 B (3)基本上没有工艺文件,凭车间主任或班长口头指示指挥操作,或凭工人自己的经验操作 C				
4.1.3 关键工序和特殊工序的控制 (1)能分清关键工序和特殊工序、对此进行工艺参数的监控、工人经过培训,持证上岗 A (2)有时分不清什么是关键工序和特殊工序,对关键工序较重视,而对特殊工序则往往当作一般工序对待,操作人员未培训上岗 B (3)对少数特别重要的关键工序有一定程度的重视,对其他关键特殊工序不重视 C				
4.1.4 过程控制程序 (1)有一套正规的过程控制程序,包括工序检验控制。有首件检查、自检、互检、检验员巡验及转工序检验的制度 A (2)对过程控制有一些规定,但执行不严,质量控制点较少且检验不严格 B (3)无正规管理办法,凭车间主任,班组长口头指示指挥生产,主要靠工人自检控制质量 C				
4.2 产品标识 (1)成批生产的产品有批号、批量等标识可以追溯(如生产计划、工序卡、随工单等)。对进入生产现场的物料均标识清楚 A				

续表

项目	评分标准 A	评分标准 B	评分标准 C	备注
(2)计划文件上定了批号及批量,但缺少在随工卡上标识批号、批量,因此实际生产上往往难以追溯清楚。对生产现场中容易发生错用的物料进行了标识 B				
(3)无批号、批量等产品标识,无物料标识 C				
4.3 生产设备的精度				
(1)生产设备领先同行,精度高,过程能力充足 A				
(2)生产设备先进,精度能满足要求 B				
(3)生产设备落后,过程能力严重不足 C				
4.3.1 生产设备的维护和保养				
(1)有一套设备管理办法如设备维修计划,加以实施,如关键设备有工人日点检,设备人员巡检。设备始终处于完好状态,如有缺陷能及时修复,关键重要设备有鉴定验收制度 A				
(2)有一些维修办法,对关键设备有维修计划,不能保证生产设备处于完好状态,有时有带病工作的情况,也有因设备损坏而停工的现象 B				
(3)设备无正规维修制度,出了问题不能工作才设法修理,常常影响生产 C				
4.4 技术人员配备				
(1)配备足够的工艺、质量、设备方面的技术人员,专业知识丰富,对车间的指导和服务能力强 A				
(2)只有少数的技术人员,能力一般 B				
(3)没有专职的技术人员,只有个别的维修技工,负责排除设备出现的简单故障或更换设备备件 C				
4.4.1 生产人员素质				
(1)技术熟练,重视产品质量,责任心强,关心公司的工作和信誉 A				
(2)基本上掌握生产技能,关心自己的产品,但不关心本车间/部门或全公司的事 B				
(3)技术上不甚掌握,文化水平低,责任心不强,还常常生产出废品或次品 C				
4.4.2 生产环境				
(1)清洁、整齐、符合生产要求 A				
(2)基本上整洁、尚能满足生产要求 B				
(3)脏、乱,影响生产正常进行 C				
4.5 机构/人员				
(1)有检验机构,职责明确,有专职检验员,能力强,技术水平高,责任心强 A				

续表

项目	评分标准 A	评分标准 B	评分标准 C	备注
(2)有检验机构,但职责不够明确,有少量专职检验员,多数为生产工人兼职检验员,人员素质一般 B				
(3)无检验机构,检验员均为兼职,主要依靠生产工人自检,人员素质较差 C				
4.5.1 检验依据文件 (1)有各种产品(包括为本公司提供的全部产品)的检验规程、检验标准或技术规范,且严格按此进行检验 A (2)为本公司提供的产品基本上都有检验规程或检验标准,但实施时不够严格 B (3)为本公司提供的产品无正规的检验规程或标准,只有若干条要求,均由车间主任掌握,检验不严格 C				
4.5.2 检验设备 (1)主要检验设备、仪表、量具齐全,且处于完好状态,按期校准,能保持要求的精度 A (2)设备数量不足,少数设备陈旧,个别仪表量具未能按期校准 B (3)设备数量少,质量差,许多仪表、量具未能按期校准,不能检验产品的应测性能 C				
4.5.3 检验过程的控制 (1)主要检验过程得到严格控制,如每批测试前检查仪器设备,检验员严格按检验文件操作 A (2)关键检验过程受控,但有时不能严格按文件操作 B (3)检验过程包括关键过程均控制不严 C				
4.5.4 检验环境 (1)检验环境良好、无灰尘、电磁振动等影响,场地设备、仪表整洁 A (2)检验环境一般,无严重的尘士、电磁、振动等影响 B (3)无特定检验场所,检验均在生产车间内各生产工位上进行,条件不太好 C				
4.5.5 检验记录 (1)记录齐全、完整、清晰、可以追溯 A (2)记录基本齐全,但不够完整或清晰 B (3)基本上无记录,少数重要性能测试有记录,但也不正规 C				
4.5.6 不合格品控制 (1)有一套不合格品控制办法,根据不同情况对不合格品进行隔离、标识、记录评审和处置 A				

续表

项目	评分标准 A	评分标准 B	评分标准 C	备注
(2)无正规制度,但有习惯做法,出了不合格品往往由检验员决定如何返工或返修。缺少记录 B (3)无固定做法,出了不合格品,由工人自己返工,或根据车间领导的指示处置 C				
4.5.7 检验状态标识 (1)对已检验和未检验的产品有明显的标识区别,确保产品经检验合格后才放行 A (2)对已检验和未检验的产品没有明显的标识区别,只通过产品在流水线的位置或分区摆放以示区别,有时区域划分不清楚 B (3)没有以适当的方式标识产品的检验和试验状态,已检验和未检验的产品,极容易发生混淆 C				
5. 仓库管理(8分)　A 为2分,B 为1分,C 为0分				
5.1 贮存环境 (1)仓库条件符合库存品的要求,能做到防火、防水、防盗、防变质及防意外事故 A (2)仓库条件一般,基本能做到防火、防水、防盗、防变质及防意外事故 B (3)仓库条件差,如漏雨、无灭火设备、无安全措施等。外协外购件有的在露天堆放 C				
5.2 成品检验 (1)成品检验比较严格,在进货检验、工序检验合格基础上进行成品检验,合格才放行。提供本公司的成品质量稳定 A (2)成品检验能正常进行,但进货、工序检验报告可能不齐全,提供本公司的成品质量基本上可保证 B (3)成品检验不严格,有时凭经验判断,提供本公司的成品质量不稳定 C				
5.3 仓库管理 (1)有出入库管理办法,检验/验证合格的产品才能入库。仓库应经常(或定期)清点在库品,保证账、卡、物一致,仓库保管员熟悉在库品的性能、规格及分类,存放整齐、清洁 A (2)有出入库管理办法,有划定的范围、库存账、卡、物基本符合。存放不太整齐,但保管员能掌握其情况 B (3)无正规管理办法。有时进货物资随地堆放,管理比较混乱,成品有仓库,但条件一般。出入库手续不严 C				

续表

项目	评分标准 A	评分标准 B	评分标准 C	备注
5.4 包装和防护 (1)成品按规定(如包装设计、包装规程)进行包装,包装箱标识清楚,库存品在库内有适当防护措施(如防锈、防静电等),在制品也有防护措施 A (2)有时更改包装材料或包装箱结构,但均经认可,包装箱标识有时不清楚。在制品和库存品基本上得到防护,但有时也有生锈、变质等个别情况 B (3)成品包装无规定,包装箱及包装材料随时变更,对在制品和库存品不注意防护 C				
6. 用户投诉处理(6分) (A为2分,B为1分,C为0分)				
6.1 管理办法 (1)有一套质量信息管理办法,来自公司内部及用户的质量信息能主动收集,有专门部门进行分析并及时传达给有关部门或人员,经常召开质量改进分析会采取质量改进措施 A (2)对质量信息有一些规定,但执行不严格,内部质量信息不能主动收集和分析,必要时才传达给有关部门,来自用户的信息不能及时答复或处理,没有质量分析会议制度 B (3)无正规管理办法,谈不上质量信息的分析和传递,只有当用户提出意见或要求时才加以处理 C				
6.2 纠正和预防措施 (1)对用户投诉能查明原因,迅速采取纠正行动,制订可行的纠正措施并实施,处理效果满足要求并能有效防止不合格的再发生。有关记录完整 A (2)对不合格原因缺乏深入分析,未能抓住关键问题所在,因而同类不合格经常重复出现,发生质量问题后采取纠正行动缓慢,致力于说服用户让步使用不合格产品 B (3)对用户投诉不重视,对不合格原因只作简单分析或归因于生产人员,答复用户经常使用"加强×××"的纠正措施,空洞乏力,各类质量问题经常发生 C				
6.3 成本管理 (1)重视降低成本,减少损失,因此产品售价一直保持稳定 A (2)对降低成本的重要性有认识,但措施不力。产品售价常借口原材料涨价而不断上升 B (3)对降低成本措施常停留在降低原材料质量等方面。因而产品售价不稳定,质量更不稳定 C				

续表

项目	评分标准 A	评分标准 B	评分标准 C	备注
7. 合作意愿(20分) 非常满意2分,满意1分,不满意0分				
7.1 是否具有发展长期限合作关系的意愿和保证				
7.2 是否保证需要资源投入不向别的发展				
7.3 当出现问题时,是否愿意坐下来谈判				
7.4 是否愿意并早期地参加产品设计				
7.5 是否愿意与需方自由公开地交换信息				
7.6 对需方业务和产业的了解				
7.7 是否愿意共享成本资料				
7.8 是否愿意保证需要买方需求的独家能力				
7.9 是否在需求扩大时,相应扩大生产能力				
7.10 是否愿意共享设计资料				
8. 物流管理能力(9分) 非常满意1.5分,满意1分,不满意0分				
8.1 公司是否在200千米以内				
8.2 引入后是否在公司周边设立办事处				
8.3 送货全过程是否有便捷的交通枢纽				
8.4 是否努力减少在途库存,降低成本				
8.5 是否有足够的物流设备				
8.6 是否有专业的物流管理部门或人员				
合计得分				

评审人: 评审日期:

十、供应商专用工装/模具清单

供应商专用工装/模具清单

供应商名称:

零件名称: 零件号及级别:

序号	工装/模具号	工装/模具名称	检修周期	预期寿命

供方代表签字: 日期: 部门/职务:

十一、供应商量检具、检测试验设备清单

供应商量检具、检测试验设备清单

供应商名称：

零件名称：　　　　　　　　　　　零件号及级别：

序号	编号/型号	名称	检测项目	分辨率	鉴定周期

供方代表签字：　　　　　　日期：　　　　　　　　部门/职务：

十二、供应商的分供方清单

供应商的分供方清单

供应商名称：

零件名称：　　　　　　　　　　　零件号及级别：

序号	分供方名称	原材料名称	原材料牌号/标准	零件名称	零件号	外委加工

供方代表签字：　　　　　　日期：　　　　　　　　部门/职务：

十三、供应商选样检验记录表

供应商选样检验记录表

批准：　　审核：　　编号：　　所属系列：
类别：　□可制性　□转厂　□设变　□其他　　日期：　　拟制：

名　　称			料号		数量			
确认次数	第 次	材质		颜色		单重(g)		
供应厂商					负责人			
地　　址					Tel/fax			

	图纸尺寸	样品1	样品2	样品3	样品4	样品5	判定	说　明
检测尺寸								

备注：其余尺寸：□符合图纸　□参见附页

外　观	外观要求	实际外观效果

备注：其余均符合本公司内部外观要求

试验项目	试验项目	实测结果

备注：其余项目符合公司要求

其他：

说明：

注：贵司如有其他产品品质不明事宜，请与本公司联系。谢谢合作！

确认结论		是否继续送样	□是　　□否
审　核		校对	确认人

十四、合格供应商名录

合格供应商名录

供应商名称	联系人	手机号码	电话号码	传真号码

核准：　　　　　　审核：　　　　　　制表：

十五、供应商供货情况历史统计表

供应商供货情况历史统计表

供货名称								
分承包方名称								
序号	批送月份	交货期信用记录				交货质量状态记录		其他事项
		合同数量（份）	依时完成数量（份）	尚未完成数量	完成合格率	验收合格（批）	验收不合格（批）	备注
1	年　月份							
2	年　月份							
3	年　月份							
4	年　月份							
5	年　月份							
6	年　月份							
7	年　月份							
8	年　月份							

核准：　　　　　　审核：　　　　　　制表：

十六、A级供应商交货基本状况一览表

A级供应商交货基本状况一览表

分析日期：

序号	供应商名称	所属行业	交货批数	合格批数	特采批数	货退批数	交货评分

制表：　　　　　　　　　　　　　　　　审核：

十七、供应商交货状况一览表

供应商交货状况一览表

分析期间：　　　年　月　日

供应商编号		供应商简称		所属行业	
总交货批次		总交货数量		合格率	
合格批数		特采批数		退货批数	

检验单号	交货日期	料号	名称	规格	交货量	计数分析	计量分析	特检	最后判定
	月　日								
	月　日								
	月　日								
	月　日								
	月　日								
	月　日								
	月　日								

制表：　　　　　　　　　　　　　　　　审核：

十八、供应商定期评审表

供应商定期评审表

供应商：

1	历史统计信用情况			
合同总数量	完成情况	依时完成率	请选择：	
		%	☐ 合格	☐ 不合格
2	产品质量情况			
送货批次	验收合格	合格率	请选择：	
		%	☐ 合格	☐ 不合格

评审日期： 评审人： 编制：

十九、供应商分级评鉴表

供应商分级评鉴表

调查评鉴项目	评分标准					评分结果
	5	4	3	2	1	
1. 品质保证组织或体制						
① 相关规定或组织	有				没有	
② 委员会或委员的活动	有				没有	
③ 品质保证的相关教育	实施				未实施	
2. 开发、设计及技术部门的体制						
① 开发及设计程序	充分				不充分	
② 用户需求规范的确认状况	充分				不充分	
③ 技术者的水准	充分				不充分	
3. 不良、故障情报的取得及再发防止对策						
① 不良信息的把握及处理程序	充分				不充分	
② 工程不良相关情报及处理程序	充分				不充分	
③ 原因追查及再发防止对策	彻底				不彻底	
4. 材料及协力厂管理						
① 材料、购买、订制品的收货检验程序	好				不好	
② 材料、购买、订制品的保管场所	适				不适	

续表

调查评鉴项目	评分标准					评分结果
	5	4	3	2	1	
③ 在库管理(数量、异动期、账册记录、滞用料品质、发料作业)	好				不好	
④ 材料、购买、订制品的对策报告书	有				没有	
⑤ 外协工厂指导	充分				不充分	
5. 作业标准及制程管理						
① 作业标准指导书	有				没有	
② 作业标准的遵行状况	充分				不充分	
③ 批次生产管理方法	有				没有	
④ 工程间不良情报的通告	有				没有	
⑤ 工程中不良品的处理及对策	确实				不确实	
⑥ 作业环境	好				不好	
⑦ 作业态度	好				不好	
⑧ 厂房布置	好				不好	
⑨ 作业改善状况	充分				不充分	
6. 制造设备管理						
① 制造机械、治工具类的保养规定	有				没有	
② 保养规定的实施状况	好				不好	
7. 计量管理						
① 计量管理规定	有				没有	
② 规定的实施状况	充分				不充分	
③ 基准检查的质与量	充分				不充分	
④ 工程计测器的整备	充分				不充分	
8. 检查						
① 检查组织的独立性	有				没有	
② 检查员工的能力	充分				不充分	
③ 检查标准	有				没有	
④ 标准的实施	充分				不充分	
⑤ 检查判定准则的制订	有				没有	
⑥ 检查记录的整理	好				不好	
⑦ 限度基准(样品或相片)	有				没有	
⑧ 检查设备的质与量	充分				不充分	
⑨ 检查设备点检	好				不好	
⑩ 检查环境	适				不适	
9. 包装、储存及输送						
① 包装状况	适				不适	
② 输送状况	适				不适	
③ 保管场所	适				不适	

续表

调查评鉴项目	评分标准					评分结果
	5	4	3	2	1	
10. 可靠度试验						
① 可靠度试验计划（时间、数量）	适				不适	
② 环境试验						
A. 耐候性试验	实施				未实施	
B. 机械的强度试验	实施				未实施	
C. 其他指定项目试验	实施				未实施	
③ 可靠度试验记录	充分				不充分	
④ 故障解析	实施				未实施	
11. 其他						
① 环保设施						
② 省能源装置						
③ 安全卫生						
评点合计						

二十、供方评价报告

供方评价报告　　　　　　　　　　　　版　本

供应商编码：

供方名称				主要产品					
各项得分									
生产设备	测试设备	产品质量	质量体系	价格	供货业绩	保密承诺	综合评分		

主要生产设备：	主要检测设备：
体系认证名称： 　　　　时间	产品认证名称： 　　　　时间
品质部人员及其联系方式：	
采购部意见： 　　评价人：　　　日期：	开发部意见： 　　评价人：　　　日期：
品质部意见： 　　评价人：　　　日期：	结论： □同意其成为供方 □不同意其成为供方 　　签名：　　　日期：

二十一、供应商年度综合评价表

供应商年度综合评价表

供应商名称	供货业绩						其他业绩			评分结果	
	供货批	合格批	合格率	评分	交货准时率	评分	服务态度	价格合理	供货经验	综合评分	标记
备注： 1. 供货批＝供应商全年交货总次数 2. 合格批＝单次交货合格率95％以上总次数 3. 合格率＝合格批/供货批×100％ 4. 标记栏中"＊"表示优秀供应商；"√"表示继续保留其供应商资格；"×"表示取消其供应商资格												
统计			审核			批准			日期		

二十二、供应商跟踪记录表

供应商跟踪记录表

表格编号：　　　　　　版本：

日期	供应商编号	供应商名称	联系人	跟踪内容	跟踪结果	记录人

编制：

二十三、取消合格供应商资格申请单

取消合格供应商资格申请单

编号：_____

序号	供应商名称	代号	产品名称/图号	配套车(机)型	配套许可证编号	处理意见	备注

编制：	开发部经理：	采购部经理：
日期：	日期：	日期：

股份公司生产部审核意见： 承办人/日期：	股份公司经营/质量管理委员会审核意见：

注：1. 本表由分公司填报后交股份公司生产部采购管理室。
　　2. 采购管理室办理完后返回分公司和财务部各一份。

二十四、需方非常满意通知单

需方非常满意通知单

××电子科技有限公司：

　　贵单位生产的_____产品，我们表示非常满意，拟采取以下方式予以激励。

1. 供应商升级；
2. 增加订货比例；
3. 比其他供应商优先付款；
4. 优先安排新产品；
5. 一次性奖金_____万元。

××通讯科技有限公司
采购部
××××年××月××日

说明：1. 附评价记录。
　　　2. 此单一式四份，供方、需方和财务部、生产部各一份。

第十六章 采购价格与成本控制表格

一、外购价格报审单

外购价格报审单

填报日期：　　年　　月　　日　　　　　　　编号：

代号	名称	规格（材质）	原价	报价	工艺定价	仓库主管初审价	采购主管审核价	材料会计初审价	审计审核价	数量	总价
分供方名称			拟订购日期			经办人		财务部受理日期			

仓库主管初审意见：	材料会计初审意见：

采购部经理审核意见：	财务部审计审核意见：

经营副总经理审批意见：

二、供方零件报价单

供方零件报价单

报价单号： 　　　　　　　　　　　发布日期：

分供方名称						
零件图号						
零件名称						
使用范围/型号						
原材料名称	规格/牌号	单位	净用量	损耗量	单价	金额
辅助材料名称	规格/牌号	单位	净用量	损耗量	单价	金额
项目1	材料成本小计：					
项目2	制造费：					
	流程描述	机器/能耗	人力资源成本	损耗	折旧	其他
	小计					
项目3	模具费：					
项目4	包装运输费：					
项目5	直接成本小计：					
项目6	管理费：					
项目7	利润：					
项目8	税金：					
销售价格						
分供方报价	采购员	部门经理	成本中心	分管副总经理	拟定执行价格	备注

三、询价单

询价单　　　　　　　　　　编号：

请购单编号	材料编号	规格说明	单位	数量	附注

(一)报价须知
(1)交货期限：□①需于　年　月　日以前交清　□②订购后　天内交清
(2)交货地点：
(3)付款办法：□①交货验收合格后付款　□②试车检验合格后付款
(4)订购方法：□①分项订购　□②总金额为准
(二)报价期限
上开报价单请于　年　月　日以前惠予报价以便洽购为荷。
注：报价有效期间务请保留至上列日期算起10天以上。

××有限公司
资材部采购科
地址：
电话：　年　月　日

四、物料采购询价单

物料采购询价单

询价单号：　　　　　　　　报价截止日期：
供应商名称：　　　　　　　报价人：
联系电话：

序号	物料编码	物料描述	交货日期	数量	订单单位	备注

一、本次询价为单项询价、比价、传真报价，也可密封报价。报价单所列内容必须齐全，并附必要的质量说明及质量证明文件。在3C认证内必须报有3C认证的产品。
二、质量责任如下：
　1. 中标方送货必须确保为100％合格产品，带标准文本，我方将按标准验收。

续表

    2. 所送产品规格型号必须与合同完全一致,不一致视为质量问题。

    3. 实物外观完好无缺陷,不得有砂眼,不得有铸造及加工缺陷。

    4. 合格证、说明书、报关单(进口产品)、检验报告(如需要)等资料齐全,不齐全视为质量问题。

    5. 出现质量问题将按我公司制度对送货单位进行处罚(扣分及罚款),出现重大质量问题可能取消此类产品的供货资格。

三、包装完好,满足行业及运输要求,运输过程中损坏视为质量问题。

四、报价为不含税、含运费的包干价格,承兑汇票结算,无预付款。其他方式另注明。

五、备件类物资报价时要注明单重。

六、本报价单须加盖公章,严禁涂改,否则,视为无效报价。

电话: 传真:

联系人:

五、比价、议价记录单

比价、议价记录单

日期: 年 月 日

料号		品名	
规格		单位	

厂商名称	原询单价	议价后单价	议价后总价	付款条件	交货日期	交运方式
备注						

承办人: 主管: 核准:

六、供应商产品直接比价表

供应商产品直接比价表

图纸编号：　　　　　　产品名称：　　　　　　　　　填表日期：

项目＼供应商名称							
单位							
报价时间							
计算原材料单价							
成品重量							
税别							
报审价格							
意见	采用√ 不采用×						

批　准：　　　　　　　审　核：　　　　　　　　拟　制：

七、报价核算表

报价核算表

供应商：　　　　　　　　　　　　　　　　　　　日期：

需方图纸编号			产品名称		
供方图纸编号			产品名称		
技术要求：					
编号	项目	计算	单位	数量	单价(元)	金额(元)
一	生产成本	1＋2＋3				
1	原材料					
(1)						
(2)						
(3)						
(4)						
(5)						
(6)						

181

续表

2	燃料及动力						
3	制造费用						
(1)							
(2)							
(3)							
(4)							
(5)							
(6)							
(7)							
二	管理费用						
三	利润	（一＋二）× ％					
四	税金	（一＋二＋三）× ％					
五	核价						

供应商确认： 核准： 审核： 制表：

八、价格变动原因报告表

价格变动原因报告表

请购部门			请购单编号			
品名		规格		数量		
价格记录		供应商		原单价		现单价
价格变动原因						
备注						

采购经理审核意见： 总经理审核意见：

签名： 签名：
日期： 日期：

九、价格通知书

价格通知书

供应商名称								
ERP编码	零部件名称	图号	单位	执行价(元)	原价格(元)	零件重量(尺寸)	模具摊销	
材料基价								
以上价格(执行价)自　　年　　月　　日起至　　年　　月　　日								
采购员		采购部经理		成本中心		分管副总经理		总经理

十、核价申请报告

核价申请报告

采购部门：　　　　　　　　　　　　　　　　　　　　　编号：

申请核价物资名称，图号：
申请核价原因归类(根据公司相关文件规定，在符合的条件前画√)： (1)□专有技术——其技术含量无法判断 (2)□独家供货——因模具开发费用较高等原因形成独家供货 (3)□材料波动——因为受市场因素影响其主要原材料波动较大 (4)□批量很小——一般为一次性需求，因各种原因采购数量很少，不适合招标 (5)□设计更改——因更改设计造成材料更改或重量长度等指标的变化 (6)□流标物资——采取招标方式后未取得招标结果 (7)□紧急支援——因各种原因原供货厂家不能供货或生产急需来不及招标的 (8)□垄断行业——因资源等原因造成垄断而无法采取招标形式 (9)□机加工和应急维修配件 其中：因(1)、(5)、(8)原因执行核价程序需要技术部门会签，其他由分管副总审核
具体原因说明：

续表

开发部会签意见：
核价申请人： 日期：
采购部门审批意见：
分管副总经理意见：

十一、采购成本分析表

采购成本分析表

厂商名称：_____ 年 月 日

产品名称		零件名称		零件料号		估价数量		备注

	No.	名称	规格	厂牌	单价	用量	损耗率	材料费
主材料费								

	No.	工程内容	使用设备	日产量	设备折旧	模具折旧	单价	加工费
加工费								

	No.	加工名称	使用设备	日产量	加工单价	说		明
后加工费								

材料费合计		加工费合计		后加工费合计	
营销费用		税 金		利 润	
总 价					
备注：					

十二、冲压制品成本分析表

冲压制品成本分析表

厂商：　　　　　　　　　　　　　　　　　　　　日期：　年　月　日

（本表及提供的图纸请务必于　年　月　日前送返公司采购经办）

机种名称	零件品名	零件料号	估价数量	备注

A. 材料费					
原料规格：	原料尺寸：	原料重量：			元/吨
成型尺寸：	成型重量：	抽查数：	不良率：　%	材料费（元）：①	

B. 加工费				模具费 □包括　□不包括	
编号	工程内容	使用机具	日产量	单价（元）	模具费（元）
1					
2					
3					
	加工费合计②				

C. 后加工费				
编号	加工名称	单位	加工单价	说　明
1	电镀			
2	烤漆			
3	点焊			
4	攻牙			
5	镶件			
6	印刷			
7	杂项			
8	热处理			
后加工费合计：				③

D. 运包：　%，计　　元	④
E. 税利：　%，计　　元	⑤

F. 总价	①材料费	②加工费	③后加工	④运包	⑤税利	合计

承办人：　　　　　　　主管：　　　　　　　核准：

十三、塑胶制品成本分析表

塑胶制品成本分析表

厂商： 　　　　　　　　日期： 年 月 日
（本表及提供的图纸请务必于　年　月　日前送返公司采购经办）

机种名称	零件品名	零件料号	估价数量	备注

A. 材料费

厂牌名称及规格	原料价格（原料＋染色）	成品净重	模窝数	不良率（%）	零件材料费①

B. 加工费

机台厂牌	机台费	成型时间	填入零件（品目及单价）	成型费用②

C. 后加工

涂装	粘贴	修剪	印刷	木纹	烫金	装配	后加工费③

D. 运包： %，计　　元　　④

E. 税利： %，计　　元　　⑤

F. 决价	①	②	③	④	⑤	合计

G. 试模款（常因采购量过少或其他原因不敷生产成本时）

备注：

审核：　　　　　　　　　经办：

十四、说明书、彩盒、目录单价明细表

说明书、彩盒、目录单价明细表

年 月 日

主材料费 A	材料料号				材料品名		使用机种			
		原材料			成品	成品取数	材料费			
	项别	纸质	规格	/令 /张	实际尺寸（长×宽）		1大张可印数	用料金额	损耗（%）	估价	决定

续表

主加工费 B	印刷费					上光费			黏糊费		
	色数	/令	/大张	成品使用几大张	估价	决定	成品规格	/才	估价	决定	/个（本）	估价	决定
	轧型费			钉盒费				装订费			
	/个	/个	估价	决定	/个	/针	估价	决定	成品个数	/个	估价	决定
	背浪纸费			手把费			附加加工费 C				
	成品尺寸	/张	估价	决定	成品取数	/个	估价	决定	名称	单价	数量	估价	决定

运包费 D	项目	内容	估价	决定	单价明细	主材料费 A		主加工费 B		附加加工费 C		运包费 D		利润	合计	
	运费					估价	决定	估价	决定	估价	决定	估价	决定	%	估价	决定
	包装															
	……															

| 厂商名称 | | 标准交期 | | 票期 | | 采购员（签字） | |

备注：

十五、采购成本汇总表

采购成本汇总表

物料		采购地区		价格		进口费用	运输费用		取得成本		付款条件与方式
名称	代码	国别	供应商	内销	外销		金额	方式	内销	外销	

十六、采购成本差异汇总表

采购成本差异汇总表

材料名称	数量	材料价格			各种费用合计			总成本合计		
		估计	实际	差异(%)	估计	实际	差异(%)	估计	实际	差异(%)

填表人：　　　　　　　　　　　日期：

十七、采购成本比较表

采购成本比较表

项目	本月		上月		本年累计		上年累计	
	金额	%	金额	%	金额	%	金额	%
原材料								
辅助材料								
其他物料								
采购费用支出								
成本合计								

第十七章 采购质量管理表格

一、样品质量评价表

样品质量评价表

编号：　　　　　　　　日期：　年　月　日

供应商名称		地址	
联系人		电话/传真	
样品名称		数量	
型号规格			
检测部门			
检测标准			
检测结论			
检测报告号码			
用于何种产品			
试用部门			
试用情况			
评价结果			
评价部门工程师		主管	
经理签字		日期	

二、货物采购环境表

货物采购环境表

序号	货物					采购环境						采购环境容量总和	备注
	编号	号称	型号	年需求量	单位	供应商一			供应商二				
						比例	价格	期限	合同	比例	价格	期限	合同		
合计															

续表

制订	会签	开发人员		质量管理人员		认证人员		批准	
日期		工艺设计人员		采购计划制订人员		订单提交人员		日期	
采购认证编号			制订部门		任务来源说明			来源部门	

注：1. 采购环境：同一物料的供应商数量不局限于两个。
2. 比例：供应商在物料年需求量中占的比例。
3. 合同：认证人员与供应商谈判所得的供应协议条款。
4. 采购环境容量总和：同一物料所有供应商年供应能力的总和。
5. 会签：物料的开发人员、工艺设计人员、质量管理人员、采购计划制订人员以及采购订单提交人员共同审核会签采购环境。

三、采购审查表

采购审查表

采购目标	型号规格	数量	技术指标	单位	总价	资金来源		
						预算内	预算外	其他
……								
合计								
金额总计								
供应商签字：			验收人签字：			财务处签字：		

四、采购部质量目标表

采购部质量目标表

序号	质量目标	计算方法	测量频次
1	原材料一次验收合格率≥96%	一次验收通过原材料数/验收总数	次/月
2	原材料准时交付率≥98%	准时交付批次数/总交付批次数	次/月
3	材料价格≤99%×材料市场同期价格	采购材料性价比优势是公司创造利润的重要组成部分	次/月
4	采购文件管理准确率=100%	现有采购文件数量/应有的采购文件数量	次/月
5	物料库存数量100%符合物料安全库存标准	同期物料实际库存数量/核定的物料安全库存数量=1	次/月
6	不合格材料退货及时率≥99.5%	采购部应全力做好对内、对外的服务工作,确保不合格材料存退料仓时间不超过2日(但有周期性规定的除外)	次/月
7	合格供应商开发数≥8	开拓部的核心工作是不断开发符合公司要求的合格供应商,开拓富有竞争力的原材料供给渠道,从而确保公司的持续竞争力	次/月
8	供应商开发程序执行有效率=100%	程序执行有效是规避企业内外部风险的基本要求,从而可建立系统的采购渠道开发流程	次/月
9	材料价格≤99%×材料市场同期价格	采购材料性价比优势是公司创造利润的重要组成部分	次/月
10	供应商开发资料完整率=100%	现有供应商开发资料数量/应有的供应商开发资料数量	次/月

五、采购质量监察考核表

采购质量监察考核表

供应商名称:　　　　　　　　　　　　　　　　　年　月　日

序号	监察内容	监察实际情况	结论		
			Yes	No	改进
1	所有原材料、外协件是否均在合格供应商处采购				
2	是否了解各合格供应商的进货质量				
3	不良品质量信息是否按时反馈给供应商				
4	是否定期组织相关部门对供应商进行监督评审				
5	采购的物资是否按规定报检				

续表

序号	监察内容	监察实际情况	结论		
			Yes	No	改进
6	采购的物资包装是否合理				
7	原材料采购是否均有相关质量证明				
8	采购的物资是否有标识				
9	到厂的物资是否有变质等不良现象				

记录： 审核： 批准：

六、采购验收过程一览表

采购验收过程一览表

编号	供应商名称	验收时间	计划验收时间	目前状态	经办人	批复总金额	已签合同			
							合同号	合同金额	已支付金额	存在问题
报告人						报告日期				

七、检验报告单

检验报告单

订单编号		供应商	
验收日期		入库单位	
需求日期		交货日期	

件号	品名规格	厂牌	单位	收货数量	单价	金额	拒收数量	拒收数量现状	本订单未交量	再交	不交
合计							打卡 (1) (2)				
币：___佰___拾___万___仟___佰___拾___元整							发票号码				
使用单位				用途							
备注：											

仓库主管： 验收人员： 检查人员： 制单人员：

八、采购质量控制表

采购质量控制表

供应商						交易情况					
采购单号	物品名称	采购数量	发货批数	检验批数	批检率	总抽检率	质量水平	A类不良品	B类不良品	C类不良品	退货记录	备注

审核： 　　　　　　　　　　　填写：

九、采购验收表

采购验收表

编号： 　　　　　　　　　　　日期：

编号	名称	订货数量	规格符合		单位	实收数量	单价	总价
			是	否				
是否分批交货	□是 □否	会计科目			供应商		合计	
检查		验收结果			检查主管		检查员	
抽样： %不良 全数： 个不良								
总经理		成本合计			仓库		采购	
主管		核算			主管	收料	主管	制单

193

十、物料内容偏差处理一览表

物料内容偏差处理一览表

记录人：　　　　　　　　　　记录时间：

供应商		合同编号	
处理时间		处理地点	
物料内容偏差描述	（内容较多可以附表）		
主要争议点			
偏差处理			
经办人	签字：	日期：	年　月　日
主管领导审批意见	签字：	日期：	年　月　日

十一、品质抱怨单

品质抱怨单

供应商代码		供应商简称	
联系部门		联系人	
电　话		传　真	
E-mail		日　期	
抱怨主题		性质	□普通　□紧急

抱怨内容：
　　贵公司____年____月____日送货的____（料号），型号为____的____产品，有_____的问题，造成我公司的_____等状况，请于____年____月____日前处理好此问题，并以此为戒。
　　另根据我公司与贵公司的_____协议，采取_____的处理，如有异议请来电！
另附：（略）
备注：

　　　　　　　　　　　　　　　　　　　　　　××有限公司采购部
　　　　　　　　　　　　　　　　　　　　　　　年　　月　　日

十二、退货单

退货单

退货单位： 订购单号：						年　月　日		
编码	品名	规格	单位	数量	单价	金额	备注
合　计							
记账人		经办人			库管		

十三、供应商索赔通知单

供应商索赔通知单

日期：　　　　　　　　　　　　　　　　　　受控编号：

	供应商名称：					
	索赔类别：□供应商申请特采　□IQC检验不合格　□PCBA、FPC组件索赔 　　　　　□工时损耗　　　　□试验费用　　　　□其他：					
	发出部门：					
索赔发出确认栏	物料名称	物料编码	采购订单	数量	建议扣款比率/额	备注
						□加工贸易 □一般贸易
	索赔原因说明：					
	拟制：　　　　　　审核：　　　　　　批准：					
	供应商意见：请在7个工作日内回复意见,否则视为默认同意扣款,且从索赔单发出日起在2个月内从增值税发票中扣除此金额 质量事实责任是否认同：　□认同　　　□不认同 是否同意扣款：□同意　　□不同意　　□建议减少扣款比例____ 理由陈述： 注明在____年___月货款中扣除。 　　　　　　　　　　　　签字盖章：　　　　　　　日期：					
	采购部门意见：			单价	当批总金额	扣款额
	拟制：　　　　审核：　　　　批准：					

续表

索赔仲裁栏	发出部门确认意见： □不同意　　□同意减少扣款比例　　　　□同意取消索赔
	理由陈述：
	确认人：　　　　　审核：　　　　　　　批准：
	生产部经理仲裁意见：
	签名：　　　　　　　　　　　日期：
结算栏	财务部结算确认：
	财务部签字盖章：　　　　　　　日期：
	财务部分发：　　　　　　CC：□采购部　　　□品质部

十四、索赔报告

索赔报告

编号：

□客户　　□供应商　　□其他：　　　日期：			
名称		传真	
联系人		电话	
订单		交易总额	

一、索赔原因：

备注：物料抵达加工厂时间批量性不良（来料20套，不良4套），由于生产任务紧急，在线挑选、不良品的处理而产生的相关费用。

二、索赔项目及索赔金额

索赔项目		分选材料明细	分选数量	单价费用	索赔金额
	材料				

续表

		岗位	人数	耗时	单价费用	索赔金额
索赔项目	管理成本					
		停线时间	线体数量		单价费用	索赔金额
	停线损失					
		项目	单位		单价费用	索赔金额
	其他损失项目					

三、总需时间：	四、总索赔费用

五、备注：

1. 停工/返工/挑选等一般工人的工作按____元/小时/人。

2. 维修/技术工人的工作按____元/小时/人；工程分析人员的工作按 80 元/小时/人计算；主管以上人员工作按____元/小时/人计算。

3. 需超时完成的工作按____元/小时/人计算。

4. 生产停线索赔每条线费用按____元/小时/线计算。

5. 组装线体停线索赔每条线费用按____元/小时/线计算。

6. 材料索赔按照产品及原材料的报废金额计算。

六、客户/供应商确认回复

客户/供应商签字：

起草：	审核：	批准：

说明：1. 本报告的依据为公司内部程序文件《索赔管理规范》。

2. 责任方收到此报告需签名确认，如有异议请在收到报告的三日内回复，过期没有回复则表示已确认。

十五、质量索赔通知单

质量索赔通知单

收件单位			收件人		传　真	
发件人		传　真		签　发	日　期	

××电子科技有限公司：

　　贵公司在＿＿＿＿年＿＿＿月＿＿＿日为本公司提供产品过程中出现了如下违反双方签订的《质量协议》情况，根据《质量协议》有关规定，对贵公司提出索赔。特此通知，请贵公司在5日内签字回复。未见回复则视同认可，直接予以扣款。

××通讯科技有限公司
采购部

序号	索赔项目	索赔标准	发生次数	具体事项	索赔金额（单位：元）
1	未事先经地过我方技术部门会签确认而擅自进行工程变更或擅自更改我方指定的原材料厂家				
2	供货产品不符合产品入库验收规定（如随货包装、自检报告、标识等）给予拒检或处于罚款接收				
3	《送货产品检验报告》存在数据虚假现象				
4	进货检验时被判为让步接收的挑选、返工、返修后费用			见附表2	
5	交货产品属存在明显质量缺陷的废品或将退货的产品混入交货批中				
6	产品进货检验不合格，判定为退货（数量大于30件）			见附表2	
7	重大质量事故、批量性质量事故及重复发生的低级错误（漏工序、明显外观缺陷等），没有改进效果时				
8	月度综合评价得分连续3个月低于75分				
9	质量信息反馈未按规定时间要求回复			见附表3	
10	因产品质量不合格或供货量不足，未能按期满足合同要求，造成我方停产、停供				
11	生产过程中出现不合格品			见附表1	
12	售后出现的不合格品				
13	市场反馈出现大批量质量事故				
	合计			大写：	小写：

附表1：

下列生产过程中产生的不合格或报废的产品零部件，经我部判定属于贵公司的质量责任，我公司将对贵公司提出索赔。特此通知，请贵公司确认。

序号	图号/规格	物料名称	报废数量	废品工时	报废日期	报废原因	单价元	索赔金额元	备注
	合计								
以上不良品的人工返修耗时费用及工管理费计算如下：										
在线不良品索赔费用合计				材料损失费用＋人工返修耗时费用					

附表2：

下列是检验过程中发现的不合格零部件，经我部判定让步接收或挑选、返工、返修后，我公司将对贵公司提出索赔。特此通知，请贵公司确认。

序号	图号	零件名称	数量	产品批次	到货时间	不良信息	挑选、返工、返修工时	挑选、返工、返修费用	让步接收降价费用	索赔金额元	备注/质量信息

附表3：

贵公司未在规定期限内对下列质量信息进行反馈，我公司将对贵公司提出索赔。特此通知，请贵公司确认。

序号	反馈信息发出日期	反馈单编号	零件名称	问题描述	状态	处理结果	索赔金额元	备注

第十八章　采购结算与付款管理表格

一、采购结算计划

采购结算计划

部门		执行人		日期	
序号	结算项目	结算金额	收款单位资料	付款方式	备注

二、资金支出（采购）计划

资金支出（采购）计划

填报部门：　　　　　　计划期间：　　　　　　单位：元

序号	用于项目	金额	收款单位相关资料			付款方式
			单位全称	开户银行	银行账号	

填报人：　　　采购经理：　　　财务会签：　　　主管领导：　　　填报时间：

三、预付款申请表

预付款申请表

申请部门		申请人	
付款类别	☐ 订金（尚未开发票） ☐ 分批交货暂支款		
付款金额			
说明			

采购经理审核：　　　　　　财务部：　　　　　　总经理：

四、请款单

请款单

请款金额		请款部门		请款人		请款日期	
合同编号		合同经办人		签订付款额		已付款额	
入库验收人		入库时间		付款时间		欠付款	
财务部审核意见							
收款单位							
开户行							
账号							
请款理由:				采购部审核意见:			
审批意见:							

五、付款申请表

付款申请表

申请表编号：　　　　　　　　　　申请时间：
企业名称：　　　　　　地址：　　　　　　电话：
收款单位名称：　　　　地址：　　　　　　电话：

序号	材料编码	名称	型号描述	合同编号	合同数量	单位	单价	入库数量	金额	备注
			合计							
总金额(大写)	___佰___拾___万___仟___佰___拾___元___角___分									
特别说明	后付单据									
	其他说明									
付款申请人					采购经理审核					
总经理审批					财务部审批					

六、货款结算单

货款结算单

编号：

供应商				合同号						
时间				收货单号						
验收单号										
品种	规格	结算规格	换算率	计算单位	数量	面积	含税单价	不含税单价	税率/%	金额	税额	价税合计
合计												

预付金额：　　　　　　　　　　实付金额（大写）：

备注：

经办人		财务负责人		制表人	

七、采购付款汇总表

采购付款汇总表

工程项目名称：　　　　　时间：　　单位：元

序号	供货单位	材料名称	规格型号	单位	数量	单价	结算金额	退货数量	退货金额	质量罚款	已付款	欠款	备注
		材料款总计											

项目经理：　　　　　材料科长：　　　　　材料员：　　　　　会计：

八、采购付款进程表

采购付款进程表

序号	订单号	产品/服务	供应商	订单金额	订单到货日	验收状况	发票号码	付款到期日	付款完成情况	备注

九、采购支出证明表

采购支出证明表

部门：　　　　　　　　　　　　　　　　　　　　　　　　日期：　年　月　日

支出事由	
金额	人民币（大写）：　　　　　　　　　　（小写）：
单据	
报销种类	

采购部经理：　　　　　　　经手人：　　　　　　　财务部负责人：

第十九章　采购绩效管理表格

一、采购管理系统绩效测评表

采购管理系统绩效测评表

序号	测评标准	最高分	实得分
1	用户第一	11	
1.1	采购部门的负责人每年至少与售后服务部门的负责人进行一次面谈，以审核采购件质量情况、交付改进的情况	2	
1.2	有书面程序文件，表明采购部门的用户信息能及时准确地传递到采购部门作为其改进工作的依据	4	

续表

序号	测评标准	最高分	实得分
1.3	最近12个月对供应商的产品质量和交货时间的统计趋势表现出了连续不断的改进	5	
2	生产流程同步	12	
2.1	生产现场存储的采购数量受到控制	2	
2.2	生产现场无计划外的采购件,除非生产部门需要	2	
2.3	分公司正在采用经过批准过的标准化的工位器具对采购件进行定量存放管理	1	
2.4	向生产现场发放的采购件数量是根据实际的消耗量确定的,而不是根据推进式的计划安排进行的	3	
2.5	所有发料人员均按照书面的发料指令和日程表向生产现场发料	2	
2.6	每一位采购计划员均清楚库存改进目标,并且对库存进行监控	2	
3	将质量融入一切工作中	15	
3.1	采用了定期审核方法来确保采购件包装标准的符合性,并对审核中发现的问题采取了纠正措施	1	
3.2	有书面的采购入库验收标准	2	
3.3	有书面规定和办法来识别和确认超出计划的或已经作废的采购件	2	
3.4	每季度对超出计划和作废的采购件进行了清理,并有报表	2	
3.5	采用了必要的措施来监控采购预算的准确性,并且指导预算员提高准确性	2	
3.6	采购部门的负责人,应当支持公司的新产品投产,并做好新产品所需的采购	2	
3.7	对新产品,采购部门应用了批量生产认证方法,以验证供应对新产品投产的生产准备情况	1	
3.8	采用了规定的受控制的区域来存放被拒收的采购件。转送到这个拒收区的物料必须在5天内进行处置和移走	1	
3.9	采购部门负责人能够展示出在采购存放区域采取的安全防范措施	2	
4	全体人员参与改进	5	
4.1	采购部门对员工资格进行确认以保证员工具备与其岗位相适应的素质	1	

续表

序号	测评标准	最高分	实得分
4.2	采购部门的所有员工均制订了年度工作计划、目标,并每年对目标完成情况至少进行2次考评	2	
4.3	采购管理人员参加了跨职能部门的工作小组,实施内部生产流程同步改进	2	
5	设备有能力并随时可投入使用	2	
5.1	按照设备维修保养和工艺、生产调整计划,采购计划员及时进行了采购计划调整	1	
5.2	采购部门的转运人员为确保设备状况良好建立了设备维修检查卡	1	
6	实现职能优化	17	
6.1	有一位合格的采购管理部门领导,并向分管经营的领导报告工作	1	
6.2	分公司采购管理部门对分公司所有采购业务进行统一管理	1	
6.3	进行了采购人员的统一培训	1	
6.4	分公司按公司的采购政策和采购管理流程实施采购管理	8	
6.5	分公司向采购部门分派了足够的搬运专业人员和叉车驾驶员,负责向生产现场发料	1	
6.6	采购管理部门的领导向采购部门的主要人员明确其职责	1	
6.7	进行了叉车驾驶员培训并且进行了认可考试	1	
6.8	采购管理部门的负责人采用了一种年度业绩评价方法,对人员的技能、培训需求和采购部门的全面发展进行评价	1	
6.9	对于库存改进目标,并满足年度生产计划的情况,采购部门负责人至少每月一次向分公司总经理报告	1	
6.10	分公司所有露天存放的采购件,均由采购管理部门进行管理	1	
7	建立良好的工作环境	13	
7.1	采购部门有自己必要的通信工具来传递信息	1	
7.2	重要的采购任务是按照书面方式下达的	2	
7.3	对分公司总的库存情况进行了跟踪,制作成图表,醒目地放地采购管理部门负责人的办公室	1	
7.4	所有已入库的采购件均划定了存放区域,在区域内实行定置管理	1	

续表

序号	测评标准	最高分	实得分
7.5	分公司采购管理部门参与工位器具的回收	1	
7.6	有规定适当的、非常醒目的、严格执行的采购隔离区	1	
7.7	采购管理部门建立和应用了文明生产管理程序文件,以支持各类物料的定置管理	3	
7.8	对各类信息的及时准确传递有书面规定,各类信息的传递通畅	3	
8	将供货者作为伙伴	19	
8.1	采购部门负责人至少每季度与采购部门的同事面谈,对供应商的评价结果进行审核	1	
8.2	采购部门负责人至少每季度与质量部门的同事面谈,审核供应商的质量情况和改进趋势	1	
8.3	发布了"合格供应商名单",并严格在其范围内进行采购	1	
8.4	对供应商交货中的问题,及时向供应商进行通报	2	
8.5	分公司每年召开一次供应商会议	3	
8.6	对业绩优秀的供应商进行奖励	1	
8.7	采购部门与供应商一起工作来全面降低成本		
8.8	供应商交货情况表现出连续不断的改进趋势	5	
8.9	采购管理部门制订了不断改进供应商交货周期的措施	2	
9	运用通用的解决问题的7步工作法或PDCA法	6	
9.1	采购部门已经进行了7步工作法的正式培训,并采用了这个方法	3	
9.2	对供应商进行日常业绩评价和第二方认证,并将结果向供应商进行了反馈	3	
	合计	100	

测评得分率(%):
(实得分/最高分) 稽查测评日期:

审核结论:

分公司审核员签字: 公司审核员签字:

二、采购业务指标目标管理卡

采购业务指标目标管理卡

项目次序	目标（项目及数值）	重要性	工作计划	时间	工作进度/%				自行检讨	考评
					3月	6月	9月	12月		
1	降低采购成本5%~10%	35%	① 检讨同类物料购买数 ② 协议付款条件 ③ 以1月份为参考标准	计划	15	20	30	35		
				实绩						
2	提高交期准确率至95%	25%	① 加强厂商辅导 ② 严格厂商评鉴与奖惩 ③ 把握采购前置期	计划						
				实绩						
3	每月开发新供应商5家	20%	① 了解专业期刊资讯 ② 针对供应商较集中物料开发新厂商	计划						
				实绩						
4	加速呆滞料处理,控制于库存总额5%以内	15%	① 每月召开呆滞处理会议 ② 审核把关订购单 ③ 定期追踪生产变更状况	计划	25	25	25	25		
				实绩						
5	提高事务效率,简化工作流程	5%	① 检讨电话订货的可行性 ② 扩大小量采购 ③ 借助电脑处理	计划	20	25	25	30		
				实绩						

三、采购经理的绩效标准

采购经理的绩效标准

工作职责	增值产出	绩效标准
完成项目所需的采购工作	使项目得到所需的设备和材料	1. 一个月内各项目组投诉没有在承诺的期限内得到设备或材料的次数不超过1次 2. 一年内因采购的设备型号错误造成的退货次数不超过2次 3. 项目采购的成本控制在预先设定的范围内 优秀绩效的表现:尽可能地推迟付款时间;控制进货速度,使库存最小;向多方供货商询价,得到性价比最佳的供货
改进采购的工作流程和标准	改进了的流程或标准	上级主管人员对以下方面表示满意: (1)所有的采购有关流程和工作标准每年至少进行了两次修订 (2)相关的规定得到了正确的发布和沟通 (3)在流程中能够考虑到对不同情况的区别对待

续表

工作职责	增值产出	绩效标准
供货商关系管理	供货商关系	1. 对大的供货商能定期进行拜访 2. 供应商总数减少,使供货更为集中 优秀绩效的表现:能够帮助供货商解决一定的问题
向管理层提供采购报告	管理层所得到的信息	管理层对如下方面表示满意: (1)提供的采购报告有意义 (2)报告有助于改进本公司以及供货商的服务水准

四、采购人员的关键绩效指标与权重

采购人员的关键绩效指标与权重

序号	关键绩效指标	指标定义/公式	信息来源	考核周期	考核目标			权重
					最高	目标	最低	
1	材料价格差异	各种材料实际采购数量×实际价格之和—各种材料实际采购数量×计划价格之差	财务部	每月				10
2	采购费用预算的节省率	实际采购费用节省/计划采购费用×100%	财务部	每月				10
3	材料周转率	主营业务成本/材料平均余额×100%	采购部 生产部	每月				15
4	采购订单按时完成率	采购订单按时实际完成数÷采购订单总数(其中,数量在订单要求数量的95%～105%之内,完成时间在订单要求时间的两日之内)×100%	采购部	每月				15
5	采购周期评估结果	各品种的物料采购周期得分结果的算术平均值(采购周期指从供应商接单日期到采购订单达成日期)	采购部	每月				10
6	供应商档案资料的完备率	已具备的供应商资料项目÷应具备的供应商资料项目×100%	采购部	每月				10
7	采购质量合格率	合格采购批数/采购总批数×100%	品质部 采购部	每月				15
8	不合格原材料退货率	不合格原材料退货批数/不合格总批数×100%	品质部	每月				5

五、采购员个人绩效责任书

采购员个人绩效责任书

我是采购员_____,负责_____物料的采购工作,谨签下以下绩效责任书。

1. 根据销售部月份预测订单汇总表,每月 28 日向直属主管提交《××物料采购计划表》并预测下月应付款项,提交《下月资金计划表》。(20 分)

等级	评分	标 准
A	优(20 分)	按时提交相关表格,数据详细、准确。相应的供应商资料齐全
B	及格(10 分)	按时提交相关表格,数据详细、准确。没有相应供应商资料
C	差(0 分)	没有按时提交相关表格或数据不全、不准确

注:正常情况下,物流部每月 22 日向采购部提交销售部的月份预测订单汇总表。若因个别区域没有按时提交预测订单,以致物流部延迟汇总时间的,采购部应向直属主管提交的相应表格顺延相应的时间。

2. 保证按生产计划准确合理地采购相应的××物料,并及时到位。(25 分)

等级	评分	标 准
A	优秀(25 分)	准确及时地向厂部提供××物料,全月没有出现因××物料原因造成生产断货并影响发货的现象
B	良好(20 分)	基本上能够向厂部提供××物料,全月出现因××物料原因造成生产断货次数不超过 2 次
C	及格(15 分)	基本上能够向厂部提供××物料,全月出现因××物料原因造成生产断货的情况超过 2 次,不超过 4 次
D	差(0 分)	基本上能够向厂部提供××物料,但全月出现因××物料原因造成生产断货的情况超过 4 次

注:如因资金不足、厂家不供货或是其他合理的客观情况将导致生产断货,并且采购员已提前两天向直属主管申报的,则采购员不承担断货责任。

3. ××物料在仓库的停放日期控制合理[旺季(8 月至翌年 1 月)平均控制在 15 天以内;淡季(2 月至 7 月)平均控制在 20 天以内]。如超过时间,即扣全分。(15 分)

等级	评分	标 准
A	优秀(15 分)	按时提交《××物料库存周转分析表》,数据详细、准确。××物料在仓库的停放日期控制合理[旺季(8 月至翌年 1 月)平均控制在 15 天以内;淡季(2 月至 7 月)平均控制在 20 天以内]

续表

等级	评分	标准
B	及格（8分）	按时提交《××物料库存周转分析表》，数据详细、准确。××物料在仓库的停放日期控制合理［旺季（8月至翌年1月）平均控制在15天；淡季（2月至7月）平均控制在20天］
C	差（0分）	没有提交《××物料库存周转分析表》或数据不准确。或××物料在仓库的停放日期控制合理不到位［旺季（8月至翌年1月）平均控制在15天以上；淡季（2月至7月）平均控制在20天以上］

4. 每月10日向直属主管提交《采购成本节省效益情况表》。（25分）

等级	评分	标准
A	优秀（25分）	按时提交《××物料采购成本节省效益情况表》。（如发掘到新厂家等）采购成本节省成本超过2万元
B	良好（20分）	按时提交《××物料采购成本节省效益情况表》。（如发掘到新厂家等）采购节省成本在5千元至2万元之间
C	及格（10分）	按时提交《××物料采购成本节省效益情况表》。（如发掘到新厂家等）采购节省成本在5千元以内
D	差（0分）	没有提交《××物料采购成本节省效益情况表》。（如发掘到新厂家等）采购成本没有节省

5. 每月至少应与供应商对账一次，保持与供应商的往来账务清晰。（15分）

等级	评分	标准
A	优秀（15分）	与供应商的账务保持清晰。每月10日之前向直属主管提交所有的应付账款确认单（要求由供应商签名确认），及时做好付款手续，全月不出现"要付款而当日单据手续未完成"的情况
B	及格（10分）	与供应商的账务保持清晰。每月10日之前向直属主管提交所有的应付账款确认单（要求由供应商签名确认），没有及时跟进付款手续，出现了"要付款而当日单据手续未完成"的情况
C	差（0分）	每月10日之前没有向直属主管提交所有的应付账款确认单（要求由供应商签名确认）

受约人：　　　　　　　　　　　　　发约人：
日期：　　　　　　　　　　　　　　日期：

六、采购员绩效考核表

采购员绩效考核表

第一部分　工作任务完成评价

序号	考核项目	定义	衡量标准	权重	完成状况	考评得分	备注
1	管理制度及工作流程的执行	1. 违反公司管理制度及工作流程，扣1分/次 2. 违反公司管理制度及工作流程，且给公司造成损失，直接责任扣5分及以上，间接责任扣2～5分					
2	采购及时性	未按采购计划进度完成物资采购，根据延误时间，扣2～5分/日					
3	采购入库手续及时性	采购物料验收手续办理不及时，扣2～5分/次					
4	采购资金计划报表提交	采购资金的计划报表提交不及时或出现错误，扣2～5分/次					
5	采购单据与台账	未及时、准确制订分管采购物料的相关单据与物料采购台账，扣2～5分/次					
6	物资入库及时性	通知质检人员验收采购物料不及时或未及时入库，扣2～5分/次					
7	货运及时性	提货、发货与退货工作延误，扣2～5分/日					
8	发票的按时取得	按公司规定按时取得分管采购物料发票并传递到财务部，若延误扣2～5分/日，发票应附的附件不齐扣2～5分/份					
9	采购差错	若采购回的分管物料发生数量差异，根据差异大小扣5～10分/次					
10	合理化建议	凡提出合理化建议被采纳在部门中实施的可酌情加2～5分/次，在公司实施的加5～10分/次					
11	内部客户满意度	因工作原因被公司同事或客户投诉，经查实，视情节轻重，扣2～5分/次					
12	上级交办的其他工作	没有及时完成或上级对完成情况不满意扣2～5分/次					
		工作任务评价得分					

第二部分 满意度指标评价

序号	评价维度	定义	权重	上级评分
1	工作绩效	完成工作的数量、质量、效率	10	
2	专业知识	胜任本职工作相关的基础知识、专业知识、理论水平	10	
3	专业技能	完成本职工作所需技术、技巧、业务熟练程度、经验	10	
4	创新能力	在工作中,能够应用相关理论、知识展开调查研究,改进工作,提出新建议、新方案,进行改进或革新	10	
5	理解、判断力	能准确领会领导意图,能及时、正确地运用知识、经验,根据有关情况,分析问题,判断原因	10	
6	沟通能力	为顺利完成任务,随机应变处理各种冲突;在尊重对方的前提下,阐明自己主张,并使对方理解,巧妙地使人采纳或认可	10	
7	学习与发展能力	热爱本职工作,具有明晰的发展目标,不断进取,努力学习业务技术知识和相关技能	10	
8	公司认可度	对企业文化、企业理念、组织管理、领导风格等组织行为的认同、参与、拥护及热爱的程度	10	
9	积极性和责任感	无需具体命令和批示,都能保持明确的工作目标和旺盛的工作热情,不拿工作做筹码与公司和领导斤斤计较以及消极怠工	10	
10	协作性	团队意识强,服从工作安排,为群体的合作精神作贡献,无独行独往、自作主张和为私利排斥公司行为的情况	10	
		评分合计	100	

第三部分 综合评价

年度业绩考核得分	
工作任务完成评价得分	
上级满意度考核得分	
综合考核得分＝工作任务完成评价得分×60％＋上级满意度考核得分×40％	
任职资格确认或建议： □胜任　　□基本胜任　　□不能胜任,建议换岗 □其他：_____	
部门领导： 年　月　日	
分管领导： 年　月　日	
总经理： 年　月　日	

七、采购员岗位绩效考核表（月度）

采购员岗位绩效考核表（月度）

编号：　　　　　　　年　　月　　　　　　　姓名：
部门：采购部　　　　　　　　　　　　　　　岗位：采购员
考核时间：　　　　　　　　　　　　　　　　考核周期：

业绩指标	信息来源	考评人	权重	考核标准	得分
按时交货情况	收料通知单	直接上级	20	每发生一次不按时交货采购批次，经查实，扣20分。满分100分，得分不能为负值	
送货规格数量准确性	收料通知单	直接上级	20	每发生一次采购批次送货规格或数量不准确，经查实，扣20分。满分100分，得分不能为负值	
采购物料质量批次不合格率(A)	检验合格统计表	直接上级	20	得分区间：A＝1%，得91～100分；A＝3%，81～90分；A＝5%，61～80分；A＝7%，41～60分；A＞7%，0～40分	
供应商信息（供应商信息管理是对供应商档案信息、价格信息和其他相关信息的收集及整理工作）	管理供应商信息库	直接上级	30	上交及时性10% 形式规范性20% 内容全面性20% 数据准确性30% 建议合理性20%	
态度指标	日常考察	直接上级	10		
最终绩效得分					
部门经理评语： 签字：　　　　日期：				人力资源部经理部经理评语： 签字：　　　　日期：	

八、采购人员价格绩效比较表

采购人员价格绩效比较表

单位：元

采购总金额	5月进料金额(价差)	6月进料金额(价差)	7月进料金额(价差)
采购员个别金额	5月进料金额(价差)	6月进料金额(价差)	7月进料金额(价差)
A采购员			
B采购员			
C采购员			
D采购员			

参考文献

[1] 方贤水，薛丽莉. 战略采购研究综述及启示. 商场现代化，2006.
[2] 徐金发，卢蓉. 战略采购的过程模型及其作用模式. 中国工业经济，2006.
[3] 黄大春，刘秋生. 价值链管理环境下基于作业成本法的供应商选择评价模型. 财会月刊，2005.
[4] 冯晖. 供应链系统中供应商的选择和评估. 现代管理科学，2004.
[5] 徐广成. 战略成本管理与企业价值链. 财会研究，2006.
[6] 罗伟钊编著. 采购经理岗位职业技能培训教程. 广州：广东经济出版社，2007.
[7] 李恒芳，廖小丽主编. 优秀采购员手册（白金版）. 广州：广东经济出版社，2009.
[8] 郝惠文，段青民主编. 采购主管必读手册. 深圳：海天出版社，2007.
[9] 郝惠文，段青民主编. 采购员必读手册. 深圳：海天出版社，2007.
[10] 傅利平主编. 进料检验与供应商管理. 深圳：海天出版社，2003.
[11] 李胜强，李华编. 物料采购365. 深圳：海天出版社. 2004.
[12] 徐哲一，武一川主编. 采购管理10堂课. 广州：广东经济出版社，2004.
[13] 徐昭国编著. 采购主管一日通. 广州：广东经济出版社，2004.
[14] 郝渊晓，张鸿，马健诚主编. 采购物流学. 广州：中山大学出版社，2007.
[15] 刘志超主编. 商务谈判=BUSINESS NEGOTIATION. 广州：广东高等教育出版社，2006.
[16] 王槐林主编. 采购管理与库存控制. 北京：中国物资出版社，2004.
[17] 胡松评著. 企业采购与供应商管理七大实战技能. 北京：北京大学出版社，2003.
[18] 朱新民，林敏晖主编. 物流采购管理. 北京：机械工业出版社，2004.
[19] 谢勤龙，王成，崔伟编著. 企业采购业务运作精要. 北京：机械工业出版社，2002.
[20] 福友现代实用企管书系编委会. 企业管理制度精选. 厦门：厦门大学出版社，2001.
[21] 梁世翔主编. 采购实务. 北京：人民交通出版社，2005.
[22] 王忠荣主编. 采购管理手册. 广州：广东经济出版社，2001.
[23] [日]山鸟津司著，柯三元译. 现代采购管理全书. 台湾：中华企业经营管理公司，1999.